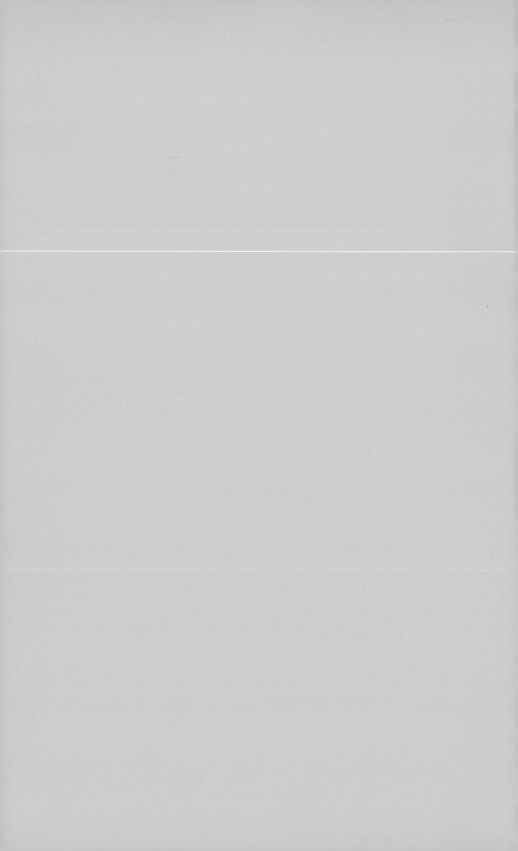

SNS 마케팅의
7가지 법칙

SNS MARKETING NANATSU NO TESSOKU
written by Yuta Iitaka, Ryohei Muroya, Shuhei Suzuki.
Copyright © 2023 by Yuta Iitaka, Ryohei Muroya, Shuhei Suzuki, Hotto Link Inc.
All rights reserved.
Originally published in Japan by Nikkei Business Publications, Inc.
Korean translation rights arranged with Nikkei Business Publications, Inc. through
Danny Hong Agency.

SNS 마케팅의
7가지 법칙

초판 1쇄 인쇄 2024년 7월   1일
초판 1쇄 발행 2024년 7월   8일

지은이 이이타카 유타, 무로야 료헤이, 스즈키 슈헤이
옮긴이 박수현
펴낸이 이종두
펴낸곳 (주)새로운 제안

책임편집 엄진영
디자인 보통스튜디오
영업 문성빈, 김남권, 조용훈
경영지원 이정민, 김효선

주소 경기도 부천시 조마루로385번길 122 삼보테크노타워 2002호
홈페이지 www.jean.co.kr
쇼핑몰 www.baek2.kr(백두도서쇼핑몰)
SNS 인스타그램(@newjeanbook), 페이스북(@srwjean)
이메일 newjeanbook@naver.com
전화 032) 719-8041
팩스 032) 719-8042
등록 2005년 12월 22일 제386-3010000251002005000320호

ISBN 978-89-5533-656-6 13320

내 주위 사람들에게만 하는 부탁은 더 이상 통하지 않는다

SOCIAL MEDIA
MARKETING

SNS 마케팅의 7가지 법칙

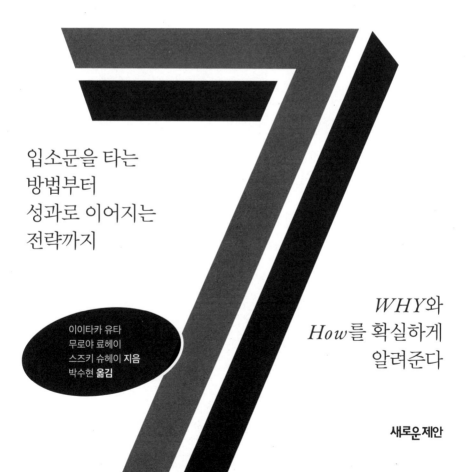

입소문을 타는
방법부터
성과로 이어지는
전략까지

이이타카 유타
무로야 료헤이
스즈키 슈헤이 **지음**
박수현 **옮김**

*WHY*와
*How*를 확실하게
알려준다

새로운제안

이제는 '어떻게 자신에게 화제를 모을 것인가'보다 '어떻게 UGC사용 후기에 화제를 모을 것인가'를 생각해야 하는 시대입니다. 혹시 아직도 자신이 화제에 오르려고 애쓰고 있지는 않나요?

매년 SNS 활용 분야에서 새로운 책이 쏟아져 나옵니다. 그러나 SNS의 본질을 제대로 이해하고 있는 사람이 얼마나 될까요?

그동안 모두가 회사 공식 계정에 열심히 글을 올리며 화제를 모으는 데에만 주력했을 것입니다. 하지만 이제는 SNS에 올린 UGC를 통해 고객이 고객을 불러오는 구조가 자리 잡았습니다. 이에 새로운 구조를 십분 활용한 효율적인 마케팅을 제안하고자 이 책을 집필하기에 이르렀습니다.

SNS 영역은 급격하게 변화합니다. 이 책을 집필 중이던 2023년 7월에는 메타에서 엑스옛 트위터와 비슷한 스레드Threads라는 앱을 출시하였습니다. 그리고 서비스를 개시한 지 5일 만에 가입자 수가 1억 명을 돌파하는 등 이례 없이 빠른 성장세를 보였습니다. 앞으로도 계속 각 기업에서 새로운 서비스를 선보일 테지만, 아무리 새로워 보여도 변하지 않는 본질적인 부분 역시 존재합니다.

따라서 이 책을 통해 오해하기 쉬운 SNS 마케팅의 본질을 전하고자 합니다. 필자들은 데이터와 사실을 바탕으로 SNS 마케팅에 대해 철저하게 연구하며, 동시에 SNS 마케팅 서비스를 제공하는 주식회사 홋토링크에서 SNS 마케팅 지원 사업에 함께 참여한 동료들입니다. 그동안 외국계 기업부터 대기업, 스타트업에 이르기까지 다양한 고객들과 함께 마케팅을 진행하며 실적을 쌓아왔습니다.

각 장의 구성은 다음과 같습니다.

1장에서는 SNS가 독자적으로 발전한 중국의 사례와 운용자 기법의 한계, 고객 접점을 둘러싼 미디어 환경의 변화에 대해 살펴봅니다.

2장에서는 SNS에 익숙하지 않은 사람들을 위해 SNS의 일반적인 개요를 설명합니다. 아무리 변화가 격심한 SNS라 할지언정 그 바탕에는 변하지 않는 본질이 존재합니다.

3장에서는 확산 메커니즘, 화제의 지속성, 확보해야 할 팔로워의 특성 등 아직 잘 알려지지 않은 SNS에 관한 일곱 가지 사실을 소개합니다. 보다 정확하게 소비자의 행동을 이해하고 미디어의 구조를 파악하는 데 활용하기를 바랍니다.

　4장은 SNS와 프로모션 담당자가 좋은 성과를 거두는 데 더욱 도움이 될 만한 실천편입니다. SNS 전략에 따른 기획과 동영상 SNS, UGC 제작, 인플루언서와의 협업 방법 등 SNS 마케팅의 일곱 가지 법칙을 소개합니다.

　이 책이 SNS를 통하여 고객과 더 좋은 관계를 구축하기 위한 첫걸음이 되기를 바랍니다.

| 목차 |

시작하며   4

제1장 ⬎   **운용자만으로는 한계가 분명하다**

제4장 ▷ 성과로 이어지는 SNS 마케팅의 일곱 가지 법칙

운용자만으로는
한계가 분명하다

7

SOCIAL MEDIA

MARKETING

SNS 및 디지털 플랫폼이 활발한
'중국'의 현실

중국의 사례를 통해 배운다

"개인적으로 라인과 페이스북은 이용하고 있는데, 엑스나 인스타그램은 안 해요. 비즈니스에서는 어떻게 활용해야 할지 도무지 감이 잡히지 않아요." 그렇다면 여러분의 사고방식부터 업데이트해야 한다.

일본 총무성에서 발표한 '2022년도 정보통신 미디어의 이용 시간과 정보 행동에 관한 조사'[1]에 따르면, 10대의 틱톡 이용률은

---

1 총무성 '2022년도 정보통신 미디어의 이용 시간과 정보 행동에 관한 조사
　 https://www.soumu.go.jp/iicp/research/results/media_usage-time.html

66.4%로, 페이스북 이용률11.4%보다 훨씬 높은 것으로 나타났다. SNS 및 디지털 플랫폼은 여러분이 상상하는 이상으로 빠른 속도로 퍼지며 성장하고 있다.

대부분 미국에서 시작된 SNS 및 디지털 플랫폼은 중국에서 독자적으로 진화하였으며, 그중에는 비즈니스에서 SNS 및 디지털 플랫폼을 활용할 가능성을 시사하는 사례도 많다. 중국의 SNS 및 디지털 플랫폼 상황을 살펴보고, 앞으로 마케팅 활동이 어떠한 양상을 보일지 생각해 보자.

도표 1-1 주요 소셜 미디어 계열 서비스 / 앱 등의 이용률 (전 연령대 및 연령대별)

단위 [%]

	전 연령대	10대	20대	30대	40대	50대	60대
라인	94.0	93.6	98.6	98.0	95.0	93.8	86.0
엑스	45.3	54.3	78.8	55.5	44.5	31.6	21.0
페이스북	29.9	11.4	27.6	46.5	38.2	26.7	20.2
인스타그램	50.1	70.0	73.3	63.7	48.6	40.7	21.3
틱톡	28.4	66.4	47.9	27.3	21.3	20.2	11.8
유튜브	87.1	96.4	98.2	94.7	89.0	85.3	66.2
니코니코 동화	14.9	27.9	28.1	17.1	9.1	10.4	7.7

N=1,500 (10대 140, 20대 217, 30대 245, 40대 314, 50대 307, 60대 272)

출처: 총무성 정보통신정책연구소 '2022년도 정보통신 미디어의 이용 시간과 정보 행동에 관한 조사보고서'를 참고하여 필자가 작성

점차 매장처럼 변하는 소셜 미디어

중국에서는 SNS가 EC² 기능을 갖추며 소셜 커머스³라는 업태로 진화하고 있다. 이제 SNS는 정보 공유뿐만 아니라 '물건을 사는 장소' 역할도 한다.

SNS 사용자들은 마치 매장에서 윈도 쇼핑을 하듯이 소셜 커머스를 이용한다. '뭔가 좋은 게 없을까?' 이처럼 무엇을 살지 정해놓지 않은 잠재 고객층도 상품을 구매하도록 유도하는 데 성공한 셈이다. SNS 마케팅에서 '매장처럼 변해가는 소셜 미디어'의 변화를 절대 놓쳐서는 안 된다.

중국에서는 SNS를 통하여 수집한 다양한 데이터를 바탕으로 소비자가 무엇에 흥미와 관심을 느끼고, 무엇을 갖고 싶어 하는지 더 확실하게 파악하고 있다. 소셜 미디어에 올린 글과 이미지, 그에 대한 '좋아요' 반응은 모두 소비자의 흥미 및 관심에 관한 정보로서 각 플랫폼의 데이터베이스에 축적된다. 그렇게 축적된 데이터가 이번에는 인간의 의사 결정에 영향을 미친다.

---

2 **EC** : Electronic Commerce(전자상거래)의 약자. 온라인 쇼핑몰 등 인터넷을 이용한 상품 또는 서비스 판매를 가리킨다.

3 **소셜 커머스** : 외부 EC 사이트로 이동하지 않고 소셜 미디어상에서 모든 과정이 이루어지는 전자상거래를 말한다. 예를 들면, 중국의 SNS 플랫폼 더우인에서는 '더우인 미니 상점(抖音小店)'이라는 EC 기능을 이용할 수 있다. 동영상을 올리거나 라이브 방송을 할 때 상품 구매용 링크를 함께 걸어 두면 더우인상에서 상품을 구매할 수 있는 구조로 되어 있다.

SNS는 단순한 미디어가 아니라 물건을 사는 장소이자, 취미와 기호를 공유하는 장소이며, 검색하는 장소이기도 하다. 점차 커뮤니케이션 툴에서 생활 인프라를 지탱하는 기반으로 변모하고 있다. 이제 SNS는 사람들의 소비 행동에서 떼어놓을 수 없는 존재가 되었으며, 충분한 마케팅 효과를 거두고 싶다면 반드시 SNS 마케팅을 해야 하는 시대가 되었다.

비교 검토에서 충동 구매로

중국에서 새로운 프레임워크가 태어났다. 바로 Attention, Interest, Purchase, Loyal customer의 머리글자를 딴 AIPL아이플이다. AIPL의 특징은 Attention과 Interest 다음에 Purchase구매가 온다는 점이다. 그리고 AIPL 모델을 뒷받침하는 것이 바로 짧은 동영상 플랫폼인 더우인Douyin/抖音이다.

지금까지는 흥미를 느낀 아이템을 장바구니에 넣거나 즐겨찾기에 등록해 두었다가 할인할 때 사거나, 아이템을 검색하여 리뷰를 보고 구매하는 등 '능동적인 검색 행동'이 일반적이었다.

한편, 흥미를 느낀 상품을 '검색'하는 것이 아니라 '이거 괜찮은데?' 싶은 상품이 있을 때 그 자리에서 즉흥적으로 사기도 한다. 더우인처럼 편리한 쇼핑 기능을 갖춘 SNS에서는 충동 구매에 가

15

까운 소비 행동을 보인다. 이것이 바로 '인터레스트 커머스'[4]다. 플랫폼에서 추천한 상품이 '괜찮아 보이네.'싶으면 그 자리에서 바로 구매하는 '수동적인 쇼핑 행동'이라고 할 수 있다.

도표 1-2 인터레스트 커머스

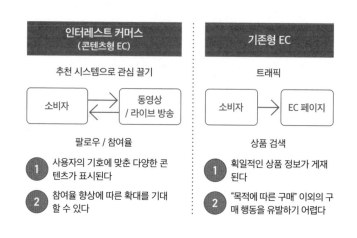

중국 소비자들도 예전에는 주체적으로 살 물건을 찾거나 다양한 사용 후기를 찾아보고 스스로 의사 결정을 내리는 소비 행동이 주류를 이루었다. 하지만 요즘은 플랫폼에서 추천하는 대로 수동적인 쇼핑을 즐기고자 하는 소비자도 많다. 소비자가 점점 수동적으로 변하고 있다는 의미다. EC 방식과 함께 소비 행동에도 변화가 생겼다.

---

4 **인터레스트 커머스** : 소비자가 관심을 보이는 특정 소재나 주제에 따라 상품을 판매하는 방식. 아마존과 넷플릭스, 핀터레스트 등 많은 웹서비스에서 이용하는 기능이다.

더우인에서는 사용자가 해시태그[5] 검색으로 찾은 동영상을 통하여 상품 구매를 유도하는 시스템이 구축되어 있으며, 이에 따라 구매로 이어지는 소비 행동도 볼 수 있다. 한편, 더우인에서 추천받은 동영상을 계기로 해당 상품에 흥미를 느껴 구매하기에 이르는 수동적인 구매 행동도 일어나고 있다.

'라이브 커머스가 일상'인 시대에 대비한다

중국에서는 인터넷으로 동영상을 보는 일이 일상이 되었으며, 텍스트 콘텐츠를 거의 읽지 않는 사용자도 적지 않다. TV 대신 동영상을 보거나 라이브 방송을 즐기는 사용자가 많다.

앞으로 라이브 방송을 시청하는 사용자가 더욱 늘어나면, 다른 SNS 및 디지털 플랫폼에서도 앞다투어 라이브 방송 기능을 도입할 수도 있다. 동영상 콘텐츠와 라이브 커머스[6]가 점점 일반화되는 상황에 대비하여 디지털상에서 이루어지는 고객과의 접점도 더욱 중요시해야 한다.

라이브 커머스를 통한 커뮤니케이션은 오프라인에서 이루어지

---

5 **해시태그** : #와 문자열로 구성된 태그. 엑스와 인스타그램 등 다양한 SNS에서 사용된다.
6 **라이브 커머스** : 라이브 영상이나 스트리밍 방송 등을 이용한 상품 및 서비스 판매 방식. 인터넷을 이용하여 실시간으로 상품이나 서비스를 소개하고, 동시에 사용자가 구매도 할 수 있다.

던 일이 DX디지털 트랜스포메이션되어 가는 일환이라고 할 수 있다. 인플루언서가 매장 판매 직원이나 뷰티 어드바이저, 컨시어지 역할을 하며 라이브 방송을 시청하는 사용자에게 상품을 추천한다.

이제 중국에서 라이브 커머스는 특별한 것이 아닌 '당연히 해야 할 마케팅 수단'으로 자리 잡아가고 있다. 게다가 '인플루언서가 라이브 커머스를 통하여 상품을 파는' 단계에서 더욱 발전하여 이제는 가게 종업원과 백화점 뷰티 어드바이저가 다양한 사람들을 불러 모아 거의 24시간 내내 라이브 방송을 진행하는 상황에 이르렀다.

소비자는 TV를 보듯이 라이브 커머스 채널이나 프로그램을 입맛대로 골라 볼 수 있다. 중국에서는 TV에서 방송하는 쇼 프로그램이나 드라마처럼 매일 다양한 채널에서 라이브 커머스 관련 프로그램을 내보낸다. 시청자와 상호 작용하는 엔터테인먼트 콘텐츠로서 방송된다. 소비자는 그중에서 자신이 좋아하는 인플루언서나 브랜드 또는 취미나 기호와 관련된 콘텐츠를 찾아 즐긴다.

특정 라이브 방송을 골라 보는 데서 더 나아가 온종일 라이브 커머스를 틀어두고 지내는 소비자층도 있다. 이러한 현상을 보이는 데에는 즐길 거리가 적은 중국의 사정도 한몫하지 않았을까. 이처럼 중국에서 크게 유행하는 모습을 보면, 앞으로 라이브 커머스가 당연히 해야 할 마케팅 수단 중 하나로 자리매김하리라고 예상된다.

라이브 커머스가 중국에서 빠르게 퍼진 이유는 인프라 정비 문제, 결제에 관한 법적 규제 외에도 소비자가 즐길 수 있는 오락거리가 상대적으로 더 적다는 점도 하나의 요인으로 작용했을 수도 있다.

그래도 '재미 삼아 라이브 커머스를 본다'든가 '자신이 좋아하는 인플루언서나 크리에이터콘텐츠 창작자가 올린 동영상 또는 라이브 방송 진행자가 하는 방송을 보다가 그 사람이 추천하는 상품을 사는' 추세를 보일 확률이 높다. 동영상을 활용한 마케팅이 자리 잡은 다음에는 라이브 커머스 시대가 오지 않을까.

라이브 커머스는 실시간으로 이루어진다는 점에서 앞으로도 점점 더 주목받을 것이다. 메타버스[7]나 VR가상현실과 융합하면 가상현실 속에서 실시간으로 고객 응대가 이루어질지도 모른다.

'우리 회사에서 라이브 커머스를 시작한다고 한들 과연 꾸준히 유지할 수 있을까?' 그런 걱정부터 앞서는 기업도 많지 않을까. 중국에서는 자체 제작뿐만 아니라 신뢰할 수 있는 파트너에게 전적으로 위탁하는 일도 흔하다. 그렇지만 앞으로도 계속 라이브 커머

---

7 메타버스 : 인터넷상에 구성된 3차원 가상 공간(버추얼 공간), 또는 그 공간에서 제공되는 서비스를 말한다. 2021년 10월에 페이스북이 '향후 큰 성장이 전망되는 메타버스 개발을 주축 사업으로 추진하기 위해서'라는 이유로 회사명을 메타 플랫폼스(Meta)로 바꾸어 주목을 모았다.

스를 해야 한다는 전제하에 생각하면 본인만의 노하우를 더 많이 쌓아두어야 한다. 기존 방식대로 광고를 제작할 때처럼 대행사에 전부 맡겨 버리면, 실시간이라는 특성을 잃고 라이브 커머스가 가진 장점을 제대로 살리지 못할 수도 있다.

광고에 의존하는 페이드 미디어로부터의 탈피

중국에서는 SNS상에 'Look-A-Like' 광고를 낼 수 있다.

기업은 'Look-A-Like'를 통해 자사 라이브 방송을 시청 중인 사용자의 속성 데이터를 활용하여 비슷한 속성을 가진 사용자를 대상으로 광고를 내보내거나, 해당 사용자가 라이브 방송을 보도록 불러들일 수 있다.

기업에서 관리하는 공식 계정에서 온드 미디어[8]를 활성화하고, 이를 기점으로 어떻게 입소문을 퍼뜨릴 것인가, 이를 통해 얻은 데이터를 광고에 어떻게 활용할 것인가, 이처럼 중국에서는 트리플 미디어페이드paid 미디어, 온드owned 미디어, 언드earned 미디어를 활용한 통합적인 수단을 이용한다. 고객을 모으는 데 광고와 같은 페이드

---

8 온드 미디어 : 기업이 보유한 자사 미디어를 가리킨다. 기업이 정보를 통제할 수 있는 특징이 있으며, 자사 웹사이트와 EC 사이트 등이 이에 해당한다.

미디어[9]에만 의존하지 않고, 비교적 비용이 적게 드는 온드 미디어에 중점을 두는 방향으로 조금씩 옮겨가고 있다.

예를 들어 의류업체 A사가 동종 업종인 B사의 공식 계정 사용자들을 대상으로 타깃팅 광고[10]를 낼 수도 있다. 앞서 이야기한 'Look-A-Like'를 통해 자사 계정뿐만 아니라 경쟁상대 계정의 데이터도 활용하여 새로운 팬을 끌어들일 수 있다. 이제 브랜드는 팬 팔로워을 확보한 후에도 끝없는 경쟁에 긴장의 끈을 놓을 수 없다.

도표 1-3 'Look-A-Like'

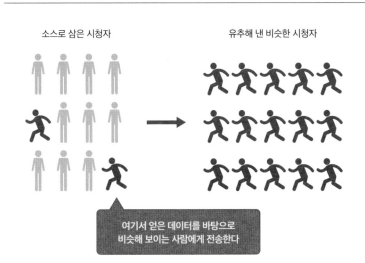

소스로 삼은 시청자 　　　　유추해 낸 비슷한 시청자

여기서 얻은 데이터를 바탕으로
비슷해 보이는 사람에게 전송한다

9　페이드 미디어 : 기업이 광고비를 지출함으로써 광고를 게재할 공간을 얻어 상품이나 서비스를 홍보하거나 고객을 모으는 미디어를 가리킨다. 대중 매체 광고와 교통 광고, 리스팅 광고, 디스플레이 광고, SNS 광고 등이 이에 해당한다.

10　타깃팅 광고 : 인터넷 광고의 일종으로, 광고주가 특정 타깃 그룹을 대상으로 광고를 내보내는 광고 기법을 말한다. 타깃 그룹이란 성별, 나이, 거주지, 취미, 행동 이력 등과 같은 속성을 비롯하여 이용하는 기기나 브라우저의 종류 등 다양한 조건으로 정의할 수 있다.

따라서 어떻게 고객 이탈을 막을 것인가를 생각해야 한다. 자사 브랜드가 사용자와 더욱 긴밀한 커뮤니케이션을 취하고, 접속 횟수와 사용자의 참여도를 끌어올리려면 어떻게 해야 할까? 이처럼 중국에서는 경쟁의 축도 진화하고 있다.

인플루언서와 일반 소비자의 '중간'이 필요하다

인플루언서를 중국에서는 KOL Key Opinion Leader이라고 한다. 소비자에게 KOL은 '친근하고 동경하는 사람'이며, 그들의 말은 상품 홍보로 이어진다.

KOL와 비슷한 존재로 KOC Key Opinion Consumer를 들 수 있다. KOC는 KOL과 일반 소비자의 중간에 있는 소비자층으로 '영향력이 큰 일반인'이라고 할 수 있다.

중국에서는 '인플루언서가 추천한다고 해도 그 말을 믿을 수 없기' 때문에 '실제로 상품을 사용해 본 사람이 올린 후기가 더 믿을 만하다'라는 의견을 가진 사람들도 있다. 따라서 기업은 UGC[11]를 제작하도록 일반 소비자들을 자사 브랜드의 앰배서더

---

11 UGC : User Generated Content의 약자로 사용자가 제작하는 콘텐츠를 말한다. 사용 후기도 이에 해당한다.

¹²로 발탁하여 KOC로 구성된 커뮤니티를 만들기도 한다.

이처럼 중국에서는 소비자가 SNS에 정보를 올리도록 유도하거나, 소비자를 KOC로 기용하는 경향을 볼 수 있다. 이제는 '어떤 정보를 믿어야 할지 모를' 형편이기에 오히려 KOC가 올린 정보를 더 믿는 풍조가 생겼다고도 할 수 있다. 자세한 내용은 4장 '인플루언서 마케팅¹³'에서 소개하겠다.

도표 1-4 '소셜 바이어에 의한 정보 확산'

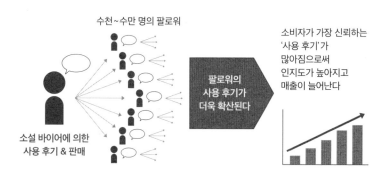

※ 소셜 바이어란 소셜 미디어를 통해 고객을 모으고 외국 등에서 들여온 상품을 판매하는, 이른바 구매 대행자를 말한다.

---

12 브랜드 앰배서더 : 특정 상품이나 서비스에 관한 긍정적인 정보를 전달하도록 기용한 해당 브랜드를 좋아하고 지지하는 인물을 말한다. 이들에게는 브랜드 이미지를 강화하고 상품과 서비스의 인지도 향상 및 판매 촉진에 기여하기를 기대한다.

13 인플루언서 마케팅 : 인플루언서에게 자사의 상품이나 서비스의 소개를 맡기는 마케팅 기법을 말한다. SNS상에서 홍보하고자 할 때 기용하는 경우가 많다. 연예인과 모델을 비롯한 사회에 큰 영향력을 미치는 인물들뿐만이 아니라 SNS상의 커뮤니티나 특정 분야에서 영향력을 미치는 인물도 '인플루언서'에 해당한다.

인플루언서는 도태되기 시작했다

중국에서는 그저 '재미있거나', '귀여울' 뿐인 인플루언서는 이미 도태되기 시작했다. 물론 '엔터테이너 인플루언서'도 즐길 거리로서 존재 의의가 있다. 그러나 많은 기업에서 소비 행동으로 이어지는 인플루언서를 활용한 마케팅을 채택하면서 '자사 브랜드와 매출에 얼마나 기여할 수 있는가'를 더욱 중요시하게 되었다. 중국의 인플루언서 사정을 생각하면 향후 인플루언서는 두 가지 유형으로 집약될 것으로 예상된다.

첫 번째는 상품을 대량 판매하는 인플루언서다. 소비자의 구매욕을 북돋우는 데 뛰어난 영업사원이나 판매사원을 떠올리면 쉽게 이해되지 않을까. 그들처럼 브랜드와 광고주가 중시하는 ROI^{투자}이익률를 추구하고, 상품을 파는 능력이 있는 인플루언서다.

두 번째는 브랜딩 기여도가 높은 인플루언서다. 특정 영역의 전문가이거나, 사용자에게 '이 사람이 보증한다면 틀림없다'는 믿음을 주는 유형이다. 이러한 인플루언서는 브랜드와 광고주에게도 큰 도움이 되는 존재다. 인플루언서 마케팅은 결국 중국과 같은 추세를 보일 듯하다.

인플루언서 마케팅에서도 브랜드에 어울리는 인플루언서를 기용하여 양질의 콘텐츠를 올리는 데 주력해야 한다. 엑스를 예로 들면 2022년 12월부터 조회 수가 표시되면서 자사 계정뿐만 아니라 다른 계정의 조회 수도 전부 알 수 있게 되었다. 디지털 세계의 특성상 '이 인플루언서는 팔로워 수에 비해 좋은 결과가 나오지 않는다'라는 사실도 바로 드러난다.

도표 1-5 인플루언서 매트릭스

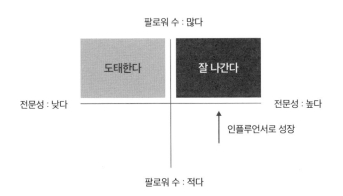

도표 1-5와 같이 '팔로워 수'와 '특정 분야 전문성'으로 정리해 보면, '팔로워 수가 많고 전문성이 높은 사람'이 소개하는 상품은 잘 팔릴 테고 신뢰성도 높다고 할 수 있다.

'단순히 팔로워 수만 많고 전문성이 없는 사람'은 전문성을 갖추지 않는 한, 눈에 띄는 개성이 없어 쉽게 도태될지도 모른다. 반대로 '팔로워 수가 적고 전문성이 높은 사람'은 인플루언서로 성장하면 큰 영향력을 발휘할 수도 있다.

운용자 한사람의
한계

운용자 기법에 종언을 고하다

엑스와 페이스북이 등장하면서 블로그의 '차세대'로 등장한 'SNS'라는 새로운 정보 툴에 IT 애호가 등 많은 얼리 어답터[14]들이 달려들었고, 마케터들의 뜨거운 시선이 쏠렸다. 해시태그가 세계를 움직이는 사회 현상도 일으켰다.

2010년대에 들어서면서 '운용자 기법'이라는 말이 널리 퍼졌

---

14 얼리 어답터 : 유행에 민감하여 새로운 상품이나 서비스, 기술 등에 일찍부터 흥미를 갖고 구매하거나 이용하는 사람들을 가리키는 말. 스탠퍼드대학교의 사회학자 에버렛 M. 로저스가 제창한 '혁신 확산 이론(이노베이터 이론)'에서 분류한 소비자층 중 하나이다.

다. 즉 SNS 운용 담당자를 활용한 마케팅 기법이 오랫동안 사랑받아 왔다. 샤프와 NHK 등 딱딱한 인상을 주던 대기업이 엑스를 통하여 친근감 넘치는 내용으로 글을 올리면서 평소와 다른 모습을 보여주며 시선을 끌었다. 이를 본 많은 기업이 자사 SNS를 통하여 소비자에게 친근한 모습을 보여주고자 했다. 그 결과 운용자의 개성을 살린 접근 방식이 SNS 마케팅의 주류를 이루게 되었다.

운용자를 중시하여 정보를 올리는 기법은 지금도 그 명맥을 유지하고 있다. 한편, 운용 방법이 잘못된 경우도 있다. 예를 들면 엑스에서 사용하는 기업 계정을 개성적이고 친근감 넘치는 캐릭터로 설정하고 '오늘은 식목일이에욤.' 같은 시사적인 글만 올리기도 한다.

상품을 홍보하지도 않고 그저 '오늘은 ○○ 기념일'이라고 전하거나, 개인적인 일기 같은 글만 올린다. 이는 과연 비즈니스 측면에서 볼 때 효과적인 기법일까? 잠재 고객과의 접점을 만들었는가? 상품에 더 많은 관심이 생기도록 유도했는가? 상품 카테고리가 생각나게 했는가? 한번 곰곰이 생각해 보자.

물론 운용자 기법이 무조건 잘못되었다는 말은 아니다. 하지만 예전과 비교하여 개성적인 운용자에게만 전적으로 의존해서는 좋은 성과를 거두기 어려워졌을 것이다. 모든 기업에서 비슷한 글만 올리면 현대 소비자들에게 2010년대 초반에나 통했던 신선한 인상을 똑같이 줄 수 없다. 뒤에 더 자세히 설명하겠지만, 미디어 환경의 변화에 따라 다양한 마케팅 수단이 속속 등장하고 있다. 만약 경쟁상대가 새로운 SNS 마케팅 수단을 잇달아 내놓고 있는데, 자사는 운용자에게만 매달린다면 과연 고객 확보 경쟁에서 이길 수 있을까?

게다가 운용자의 방식은 사람에 따라 크게 좌지우지된다. 만일 담당자가 다른 부서로 이동하거나 퇴직했을 때 대체할 수단이 있을까? 이직과 부업이 당연해지면서 노동시장 유동성이 높아진 요즘 시대에 운용자의 개성을 활용하는 기법을 이용하고자 한다면, 사람이 바뀌었을 때 발생할 수 있는 리스크도 충분히 고려해야 한다.

이러한 현실을 가장 잘 아는 사람은 현장에서 활약하는 운용 담당자가 아닐까. 사실 팔로워 수뿐만 아니라 매출을 올리려면 다른 방법으로도 SNS를 활용해야 한다는 생각이 있어도 이를 이해해 주지 않는 윗선을 설득하기 어려워서 포기한 상태일지도 모른다.

이제는 운용자 한사람만 고집한다고 해서 통용되는 시대가 아니다. 3장과 4장에서 운용자들이 더욱 크게 활약할 수 있거나, SNS 담당자들이 더 좋은 성과를 낼 수 있는 방법을 소개한다.

브랜드를 알리는 것은
기업뿐만이 아니다

1 대 n에서 N 대 n으로. 줄어드는 n과 늘어나는 N

일본 총무성에서 발표한 '2022년판 정보통신백서[15]'에 따르면 2021년 당시 10대의 신문 구독 행위자율[16]은 1.1%로 나타났다.

신문, 잡지, TV, 라디오로 대표되는 4대 대중 매체는 '1 대 n'

---

15 2022년판 정보통신백서 : https://www.soumu.go.jp/johotsusintokei/whitepaper/r04.html

16 행위자율 : 정보통신백서에서는 행위자율을 '하루에 어떤 정보 행동을 한 사람의 비율을 구하되, 평일일 경우 2일간 조사하여 그 평균값을 취한다. 휴일일 경우 조사한 당일의 비율을 적용한다.'라고 정의한다. 참고로 설문 조사에서 '자신이 이용하고 있다'라고 응답한 비율을 가리키는 이용률과 실제로 이용한 사람의 비율(행위자율)은 다르다.

정보 전파 구조로 이루어진다. 기업이 주체가 되어 해당 매체의 독자나 시청자에게 정보를 전달하는 구조다. 신문뿐만 아니라 잡지와 라디오 등 대중 매체 대부분은 이처럼 1 대 n 방식으로 정보를 전달하는데, 접점을 가질 수 있는 n값[17]이 해마다 감소하고 있다.

더불어 전 연령대10대~60대에 걸쳐 평일 '인터넷 이용' 행위자 율은 증가하는 경향을 보이며, '신문 읽기'는 평일과 휴일 모두 감소하는 추세다. 30~40대의 평일 '인터넷 이용' 평균 시간은 'TV 실시간 시청' 시간을 웃돈다. 세대에 따라 차이는 있지만, 주요 접점이 이루어지는 미디어도 달라지고 있다.

예전에는 방송 채널을 몇몇 방송국과 신문사에서 과점했지만, 디지털 미디어가 대두하면서 분산되었다. 대중 매체의 정보 전달력은 떨어졌으며, 대중 매체는 n값의 감소뿐만 아니라 가처분 시간[18] 경쟁에도 신경을 써야 하는 상황이다.

가처분 시간도 디지털 미디어에 빼앗기고 있다

요즘은 웹사이트에서 뉴스를 확인하거나 전자 신문을 읽는 사람도 많다. 스마트폰이나 태블릿으로 정보를 훑어보면서 눈에 띄

---

17 n값 : 설문 조사에서 샘플 수, 또는 분석 대상인 사용자나 데이터의 기수를 가리킨다.
18 가처분 시간 : 개인이 자유롭게 사용할 수 있는 시간을 말한다. 일과 식사, 수면, 목욕 등 생활하는 데 필요한 시간을 제외한 모든 시간을 가리킨다.

지 않는 정보는 읽지 않고 넘기는 사용자도 늘었다. 기사를 읽는 동안 메신저 앱카카오톡, 라인 등에서 알림이 오면 바로 해당 앱을 켜고 넘어가는 사용자도 있다.

더불어 유튜브와 같은 동영상 서비스와 넷플릭스를 비롯한 서브스크립션 서비스[19]에도 소비자의 가처분 시간을 빼앗기고 있다.

도표 1-6 주요 미디어의 평균 이용 시간과 행위자율 (평일 1일)

단위 [%]

	TV (실시간) 시청						
	전 연령대	10대	20대	30대	40대	50대	60대
2017년	80.8	60.4	63.7	76.5	83.0	91.7	94.2
2018년	79.3	63.1	67.5	74.1	79.2	88.5	91.6
2019년	81.6	61.6	65.9	76.7	84.0	92.8	93.6
2020년	81.8	59.9	65.7	78.2	86.2	91.8	92.9
2021년	74.4	56.7	51.9	65.8	77.8	86.4	92.0

	신문 읽기						
	전 연령대	10대	20대	30대	40대	50대	60대
2017년	30.8	3.6	7.4	16.6	28.3	48.1	59.9
2018년	26.6	2.5	5.3	13.0	23.1	43.9	52.8
2019년	26.1	2.1	5.7	10.5	23.6	38.5	57.2
2020년	25.5	2.5	6.3	8.8	24.1	39.4	53.7
2021년	22.1	1.1	2.6	5.9	17.9	33.8	55.1

---

19 서브스크립션 서비스 : 일정한 이용 기간에 따라 요금이 발생하는 정기 구독형 비즈니스 모델을 기반으로 제공되는 서비스를 말한다. 넷플릭스와 스포티파이 등이 이에 해당한다.

	인터넷 이용						
	전 연령대	10대	20대	30대	40대	50대	60대
2017년	78.0	88.5	95.1	90.6	83.5	76.6	45.6
2018년	82.0	89.0	91.4	91.1	87.0	82.0	59.0
2019년	85.5	92.6	93.4	91.9	91.3	84.2	65.7
2020년	87.8	90.1	96.0	95.0	92.6	85.0	71.3
2021년	89.6	91.5	96.5	94.9	94.6	89.4	72.8

	TV (녹화) 시청						
	전 연령대	10대	20대	30대	40대	50대	60대
2017년	15.9	13.7	14.4	15.5	17.3	16.1	16.6
2018년	18.7	15.2	16.5	19.1	18.8	20.6	19.7
2019년	19.9	19.4	14.7	21.9	18.9	21.9	21.2
2020년	19.7	14.8	13.6	19.4	23.0	20.7	22.3
2021년	18.6	16.3	13.7	20.9	15.3	20.9	23.0

	라디오 청취						
	전 연령대	10대	20대	30대	40대	50대	60대
2017년	6.2	1.4	3.0	2.3	7.9	9.1	9.5
2018년	6.5	1.1	0.7	4.3	7.4	9.3	11.7
2019년	7.2	1.8	3.3	2.2	6.0	12.2	13.4
2020년	7.7	1.8	3.1	6.0	6.0	13.4	12.1
2021년	6.2	0.7	3.0	3.2	5.4	11.1	10.0

출처 : 총무성 '2022년판 정보통신백서'를 참고하여 필자가 작성

도표 1-7 주요 미디어의 평균 이용 시간과 행위자율 (휴일 1일)

단위 [%]

	TV (실시간) 시청						
	전 연령대	10대	20대	30대	40대	50대	60대
2017년	83.3	66.2	67.6	79.4	83.8	93.4	96.7
2018년	82.2	67.4	66.5	79.8	82.7	91.9	93.0
2019년	81.2	52.8	69.7	78.3	83.7	90.3	94.5
2020년	80.5	54.9	64.3	77.2	85.3	91.6	91.8
2021년	75.0	57.4	49.3	69.6	79.0	84.8	93.5

	신문 읽기						
	전 연령대	10대	20대	30대	40대	50대	60대
2017년	30.7	3.6	7.9	14.1	29.6	44.6	62.8
2018년	27.6	3.5	6.2	11.7	25.3	42.2	56.9
2019년	23.5	0.7	3.3	9.9	20.2	37.4	51.7
2020년	22.8	1.4	6.6	5.6	19.9	36.6	50.4
2021년	19.3	0.0	2.3	4.0	14.8	29.6	50.4

	인터넷 이용						
	전 연령대	10대	20대	30대	40대	50대	60대
2017년	78.4	92.1	97.7	90.5	84.4	73.3	46.1
2018년	84.5	91.5	95.7	92.6	90.4	80.7	63.2
2019년	81.0	90.1	91.0	90.1	84.7	77.3	60.7
2020년	84.6	91.5	97.7	91.2	89.3	81.5	63.1
2021년	86.7	90.8	97.2	92.3	91.0	82.2	71.0

	TV (녹화) 시청						
	전 연령대	10대	20대	30대	40대	50대	60대
2017년	22.2	19.4	24.5	21.8	25.2	23.3	18.1
2018년	23.7	27.7	24.9	19.1	25.9	21.5	24.4

	TV (녹화) 시청						
	전 연령대	10대	20대	30대	40대	50대	60대
2019년	23.3	17.6	19.9	23.3	25.5	30.6	19.0
2020년	27.6	25.4	20.2	31.6	28.5	31.4	25.9
2021년	21.3	14.9	22.7	14.0	21.0	24.9	25.4

	라디오 청취						
	전 연령대	10대	20대	30대	40대	50대	60대
2017년	4.5	1.4	2.3	1.9,	5.0	5.8	7.9
2018년	5.1	2.1	2.4	3.5	3.4	7.0	10.0
2019년	4.6	0.0	1.9	2.0	3.7	6.5	10.3
2020년	4.7	0.0	2.3	3.2,	3.1	7.7	9.2
2021년	4.2	0.0	1.4	1.2	3.4	8.1	8.0

출처 : 총무성 '2022년판 정보통신백서'를 참고하여 필자가 작성

4대 대중 매체가 전달하는 n값이 격감하는 한편, 소셜 미디어의 영향력은 점차 커지고 있다. 2023년 현재 일본에서 라인 사용자 수는 약 9,400만 명, 엑스는 약 4,500만 명, 인스타그램은 약 3,300만 명으로 공식 발표되었으며, 앞으로도 SNS 이용자는 계속 늘어날 전망이다.

예전에는 4대 대중 매체가 중심이 되어 소비자 n에게 정보를 전달했었다. 정보를 받기만 하던 개인이 이제는 SNS를 통하여 전달하는 역할도 하게 되었다. 라인 사용자 수가 약 9,400만 명임을 생각하면, 약 9,400만 개의 매체가 정보를 주고받는 상황인 셈이다.

SNS는 퍼스널 미디어의 집합체

대중 매체와 반대로 한 개인이 정보를 전달하거나 기록하고 편집할 때 이용하는 매체를 '퍼스널 미디어'라고 한다. SNS가 보급됨에 따라 개인이 정보 전달 능력을 갖추면서 예전보다 큰 커뮤니티를 만들 수 있게 되었다.

SNS를 단순히 정보를 전달하는 일개 미디어로 여기면 그 가치를 충분히 활용할 수 없다. 원래 SNS는 퍼스널 미디어(각 개인의 계정)의 집합체다. '기업 계정도 수천만 사용자 중 하나일 뿐이다.'라고 생각할 수도 있다. 개인의 정보 전달력이 높아졌다는 점 그리고 개인이든 기업이든 상관없이 양방향 커뮤니케이션이 가능하다는 점을 가장 큰 특징으로 꼽을 수 있겠다.

즉 'N 대 n' 정보 전파 구조라고 할 수 있다. 여기서 N은 수천만 개에 이르는 퍼스널 미디어의 주체를 나타낸다. '1 대 n'뿐만 아니라 'N 대 n' 정보 전파 구조를 잘 활용해야 SNS 마케팅 효과를 극대화할 수 있다.

SNS에서 정보를 전달하는 방식도 '1 대 n'과 'N 대 n'의 두 종류로 나눌 수 있다.

'1 대 n'이란 어떤 계정에서 정보를 제공하고, 이를 n명의 사람에게 전달하는 방식이다. 이때는 '팔로워 수를 늘리자.', '올린 게시물로 버즈[20] 현상을 일으키자.' 이러한 관점에서 정보를 전달한다. 이는 기존에 계정을 운용하던 방식이다. 계정 운용도 중요하지만, 이제는 '하나의 SNS 마케팅 기법'으로 생각해야 한다.

도표 1-8 1 대 n 정보 전파

---

20 버즈 buzz. : SNS상에서 화제가 되는 일을 말한다. 자신이 올리거나 공유한 정보를 다른 SNS 사용자가 따라 올리거나 공유함으로써 화제에 오르고 정보가 퍼지는 모습을 가리킨다. 긍정적인 정보 확산이 아니라 부정적인 평판과 주목을 모을 때는 '악플 쇄도'라고도 한다.

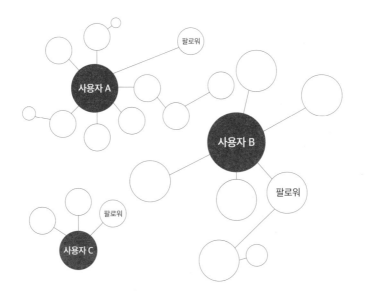

한편, 지금의 미디어 환경에서는 'N 대 n' 방식도 중요하다. 어떻게 해야 자신이 화제에 오를 것인가가 아니라 '어떻게 해야 자사 상품에 관한 상품 후기를 올려줄까?', '어떻게 해야 고객이 화제에 오를까?' 이와 같은 관점에서 생각해야 한다. 지금은 SNS에서 화제를 모았던 소재를 TV에서 소개하면서 폭발적으로 널리 알려지는 시대다. 자사에서 있는 힘껏 PR에 힘을 쏟아붓지 않아도 SNS에 사용 후기가 활발하게 올라오면 대중 매체에서 소개되는 일도 충분히 있을 수 있다.

아직도 SNS 마케팅이라고 하면 '1 대 n' 방식만 떠올리는 사람이 많지 않을까? 지금은 위의 두 가지 방식 모두 생각해야 한다. 'SNS 마케팅 = 계정 운용 = 1 대 n' 공식에만 사로잡혀있으면 'N 대 n' 관점에서도 봐야 한다는 데까지 생각이 미치지 않는다.

정보 전달은 기업의 전매특허가 아니다

예를 들면 틱톡에서 팔로워는 수천 명뿐인데 올린 동영상의 조회 수가 200만 회에 육박한 사례도 있다[21].

특정 틱톡 사용자에게 팔로워가 얼마 없더라도 플랫폼 전체로 보면 수십억 명의 사용자가 모여 있기 때문에 한 사용자가 올린 정보가 추천 시스템을 통해 널리 퍼지며 수천만 명에게 전달되는 일도 종종 일어난다. 틱톡에서는 추천 시스템에 힘입어 팔로워가 몇 안 되는 일반인도 전 세계에 자신의 의견을 전하거나 영향력을 미칠 수도 있다.

한번은 틱톡 크리에이터가 억대의 막대한 스폰서 계약 보수를 받았다는 뉴스가 났다. 그리고 2020년 8월 즈음에는 잡지에서 발표한 '가장 많은 수익을 벌어들인 틱톡 스타' 순위에서 1위를 차지

---

21 틱톡은 '여하튼 화제에 오르기 쉽다.' 단기간에 대량 콘텐츠를 확보한 마케팅 전략 (로그미 Biz 공개일 : 2020년 4월 13일) https://logmi.jp/business/articles/322712

한 애디슨 래이 이스터링[22]이 화제를 모으기도 했다.

그녀는 열아홉이라는 어린 나이에 그 당시 연 수입이 약 60억 원에 이르는 것으로 알려진 크리에이터다.

2019년 틱톡에 올린 댄스 동영상으로 일약 유명인사가 된 이스터링은 그해 가을에 여성복 인터넷 쇼핑몰 '패션노바Fashion Nova'와 스폰서 계약을 맺기도 했으며, 다른 틱톡 크리에이터들과 함께 콘텐츠 크리에이터 그룹 '하이프 하우스Hype House'를 결성하는 등 틱톡 크리에이터로서 활동의 폭을 넓혀갔다. 그 후에도 리복, 다니엘 웰링턴 등과 스폰서 계약을 맺었으며, 아메리칸 이글의 광고 모델로도 발탁되었다. 2020년 8월에는 화장품 브랜드 '아이엠 뷰티'를 론칭하는 등 활발하게 활동하고 있다.

'한 나라에 국한된 대중 매체에 자주 등장하는 유명인'과는 급이 다른 이야기다. 이제는 한 개인이 세계적인 영향력과 폭발력을 발휘할 수 있는 시대가 되었다.

---

22 가장 많은 수익을 벌어들인 틱톡 스타, 19세에 연 수입 약 50억 원, 포브스의 새로운 순위 (Forbes JAPAN Web 공개일 : 2020년 8월 7일) https://forbesjapan.com/articles/detail/36329

잠재 고객과의 접점을 창출하고 있는가

가처분 시간 대부분을 스마트폰에 빼앗기고 있는 지금은 스마트폰을 통하여 많은 정보를 얻을 수 있으며, 젊은 층은 스마트폰으로 엑스나 인스타그램, 유튜브를 이용하는 습관이 몸에 뱄다. 스마트폰에서 얻은 정보는 스마트폰을 이용하여 각종 SNS를 통하여 다시 퍼져 나간다.

TV의 영향력이 완전히 사라지지는 않는다고 하더라도 SNS의 영향력 또한 점점 커지고 있다는 데는 반론의 여지가 없다. 4대 대중 매체의 전성기를 누린 경영자층은 지금도 당연히 TV가 미디어의 중심이라고 생각할지도 모르지만, 젊은 세대는 온종일 유튜브를 이용하면서 시간을 보내는 일도 드물지 않다. 30년 전과 같은 가치관으로 지금의 4대 대중 매체의 n값을 판단하면 지금 상황에 가장 알맞은 미디어 계획을 절대 세울 수 없다.

의류 업계를 예로 들어보자면, 예전에는 잡지가 미디어의 중심이었다. 하지만 지금은 잡지를 통한 프로모션만으로는 부족하다. 소비자들은 인스타그램이나 유튜브에서도 패션 정보를 모으고 있다. 잡지를 매체로 중간적인 커뮤니케이션^{퍼스널 커뮤니케이션과 매스} _{커뮤니케이션의 중간 정도에 위치하는 커뮤니케이션 형태를 말한다. -옮긴이}을 취했었지만, 이제는 인터넷을 이용하여 기업이 자체 제작한 콘텐츠를 통해 고객에게 직접 정보를 전달할 수 있는 시대가 되었다.

홍보 업무도 'B to B에서 B to C' 그리고 '1 대 n에서 N 대 n'으로 점차 변해가고 있다. 이처럼 정보 전파 구조를 정확하게 인지하는 데서 변혁이 시작된다.

이제는 SNS에서 정보를 찾아볼 수 없는 기업과 상품은 존재감이 희박하다고 해도 과언이 아니다. 특히 젊은 층과 같은 새로운 고객을 항상 확보하지 않으면, 브랜드는 현재 고객과 함께 늙고 쇠퇴할 수 밖에 없다. 지속적인 경영을 영위하기 위해서도 신규 고객 확보는 가장 중요한 과제다. 여기에 SNS의 존재 의의가 있다.

경영 전략 및 마케팅과 SNS의 분단

지금 많은 기업에서 경영 전략 및 마케팅과 SNS가 분단된 듯하다. 경영층이나 마케팅 전략 기획 담당자가 "SNS는 사적으로 조금 이용하고 있을 뿐 잘은 몰라요.", SNS 담당자가 "전체적인 마케팅 전략과 경영 전략의 방향성은 아는 바가 없어요."라고 한다면 어떤 상황이 벌어질까? 두 담당자가 함께 일하면 다음과 같은 상황이 벌어질 수도 있다. "일단은 기업을 운영하니까, SNS 공식 계정을 만들어서 정보를 올리고는 있어요." 이처럼 분단된 채로는 SNS를 통하여 고객 접점을 구축하기란 불가능하다.

서로 의사소통이 되어야 한다. 그리고 이때 중요한 역할을 하는 것이 중간 관리자가 아닐까. 전체적인 마케팅 전략을 파악하면서 SNS를 어떤 목적으로 활용해야 할지 다시 한번 생각해 볼 필요가 있다.

SNS 관리는 평소에 SNS를 많이 이용할 것 같은 젊은 사람에게 맡겨 두면 된다거나 혹은 인턴이나 아르바이트 학생에게 시키면 된다고 생각한다. 이처럼 목적의식 없이 인력을 배치하거나 자원을 배분하면 투자한 만큼의 효과밖에 얻지 못한다. 자사가 성장할 수 있을 만큼 충분한 투자가 이루어지고 있는가를 고려해야 한다.

총괄 관리자는 SNS 마케팅에 타당한 투자가 이루어지고 있는지 반드시 심사숙고하자.

중간 관리자는 효율적인 마케팅 진행을 위해서라도 SNS를 1 대 n뿐만 아니라 N 대 n 방식으로 활용할 방법도 모색하여 계획을 설계하자. 더불어 상사에게 SNS 종류에 따른 세세한 의견이나 사용 방법까지 일일이 보고할 필요는 없지만, 고객의 입장에 서서 소비자 행동을 다시 한번 살펴보고 SNS가 자사의 상품이나 서비스를 인지하는 경로로서 큰 영향을 미친다고 판단된다면 투자를 건의할 수도 있을 것이다.

SNS상에 자사의 상품 및 서비스 정보가 돌아다니고 있는가?
그렇지 않다면 세상에 존재하지 않는 것이나 다름없는 셈이다.

고객과의 주요 접점이 SNS로 옮겨가고 있다. 대중 매체가 영향력을
독점하던 시대가 끝나고 개인이 힘을 가진 세상이 열렸다. 이제는
SNS를 통하여 개인도 폭발적인 영향력을 발휘할 수 있다.
시대의 흐름을 따라가지 못하면 사용자와의 접점이 줄어들고, 그중
에서도 특히 젊은 층과 신규 고객 확보가 어려워질 것이다.

엑스에서 자기 회사명이나 자사 브랜드명으로 검색해 보라. 사람들
이 어떤 이야기를 하고 있는가? 엑스상에 경쟁 브랜드보다 사용 후
기 개수가 많고 존재감이 있는가?
SNS상에서 돌아다니는 자사 관련 정보량이 경쟁사보다 적다면 상
황을 직시하고 미디어 전략을 재구축해야 한다.
이처럼 SNS가 초래한 환경 변화는 SNS 담당자 혼자서 해결할 수 있
는 경영 과제가 아니다. 소비자 행동과 미디어 전체의 변화를 이해
하고, 이를 자사의 마케팅 활동에 반영할 수 있다면 기업 실적이 크
게 향상될 것이다.

제2장

미디어의 본질

SOCIAL MEDIA

MARKETING

SNS와 디지털 플랫폼이라는 미디어의 정체

진화의 속도를 따라갈 수 있는가?

라이브 커머스의 보급, 대중 매체를 능가하는 기세를 떨치는 각종 SNS와 디지털 플랫폼, 이를 비즈니스에 활용하기 위한 조직 편성…… 중국에서는 엄청난 기세로 SNS와 디지털 플랫폼 활용법이 발전하고 있다.

SNS와 디지털 플랫폼은 4대 대중 매체신문·잡지·TV·라디오와 달리 변화가 매우 격심하다. 틱톡을 비롯한 스냅챗과 핀터레스트 등 새로운 플랫폼도 속속 등장하고, 새로운 기능도 계속 늘어나고 있다. '도저히 따라갈 수 없어.', '젊은 사람들에게 맡겨 두면 돼.' 그렇게 느끼는 것도 어찌 보면 당연하다.

그러나 이러한 플랫폼도 대중 매체와 마찬가지로 하나의 '미디어'다. 변화가 격심한 SNS와 디지털 플랫폼에도 변하지 않는 본질이 존재하며, 이를 이해하면 하나의 미디어로써 활용할 수 있을 것이다.

이번 장에서는 그동안 SNS와 디지털 플랫폼에 익숙하지 않았던 사람도 요점을 쉽게 파악할 수 있도록 차근차근 살펴보겠다. 우선은 스마트폰을 꺼내 앱을 설치하고 직접 경험해 보라. 한 번도 이용해 보지 않은 플랫폼이 있다면 관련 서적을 사서 읽거나 회사 동료에게 물어보는 등 정보를 모아 보자.

모르면 살 수 없다

'미디어'는 정보를 전달하는 매개 수단이다. 비즈니스 목적으로 미디어를 활용할 때는 '고객에게 메시지를 전달하는 수단'으로 사용한다. 아무리 좋은 상품이라도 고객이 그 존재를 모르면 구매할 수 없는 법이다.

- 모르면 살 수 없다
- 갖고 싶지 않으면 사지 않는다
- 관심이 없으면 검색하지 않는다(깊이 알려고 하지 않는다)

• 흥미가 없는 일에는 반응하지 않는다

SNS가 등장하기 이전부터 존재했던 불변의 원칙이다. 브랜드
명이나 상품명을 모르면 알아볼 수도 없다. 정보가 많아도 흥미
가 없는 정보에는 반응하지 않는다. 여러분도 경험한 적이 있지
않을까.

이러한 원칙을 바탕으로 미디어를 어떻게 활용하면 좋을지 생
각해 보자. 잘 생각해 보면 미디어를 활용하는 목적이 단순히 자
사의 SNS 계정 팔로워 수 늘리기가 아님을 알 수 있다. 고객에게
멋진 상품에 대해 알리고 구매하도록 유도하는 비즈니스 목적이
있어야 한다.

SNS를 담당하게 되면 흔히 '어떻게 하면 팔로워 수를 더 늘릴
수 있을까?', '어떻게 하면 기업 계정에 올린 게시물에 대한 참여
도가 높아질까?'라고 고민하게 되는데, 이는 매출 증가를 위한 중
간 목표를 평가하는 지표일 뿐이다.

우선은 상품이나 서비스를 알려야 한다. 마케팅 퍼널Funnel1의
꼭대기에 해당하는 '인지'를 얻기 위함이다. 즉 소비자에게 자사

---

1 **마케팅 퍼널** : 잠재 고객이 상품이나 서비스를 인지하고 구매에 이르는 과정을 그림으로 나
타낸 것이다. 역삼각형으로 표현되는 경우가 많다.

의 상품이나 서비스를 알리는 단계에서 필요한 미디어 활용 방법이다.

도표 2-1 마케팅 퍼널

상품이나 서비스를 어떻게 소비자에게 알리고, 갖고 싶게 만들고, 자기 일처럼 느끼게 하고, 가치가 있다고 여기게 할 것인가. 한정된 마케팅 예산 내에서 미디어를 활용하여 얼마나 효율적이고 효과적으로 소비자의 인지를 얻고 태도에 변화를 줄 것인가가 관건이다.

새로운 SNS가 속속 등장하고 있지만, 비즈니스 목적으로 미디어를 활용할 때의 본질은 아무것도 달라지지 않았다.

시대가 바뀌어도 본질은 변하지 않는다

평소 SNS를 이용해도 '읽기 전용'으로 구경만 하고 게시물을 전혀 올리지 않는 사람에게는 SNS에서 오가는 입소문이 낯설 수도 있다. 하지만 원시시대처럼 아득한 옛날에 살던 사람들의 삶을 상상해 보자. 분명 원시시대에는 다음과 같은 대화를 나누지 않았을까. "어제 벼랑에서 떨어질 뻔했어. 위험했어.", "북쪽 강가에 붉은 열매가 있었어. 맛있었어." 인간은 오래전부터 집단생활을 했다. 도움이 될 만한 정보를 교환할 뿐만 아니라 소문이나 가십 같은 이야기도 했을 것이다.

입소문은 옛날부터 늘 있었다. 발생하는 장소나 정보 전파에 활용되는 기술이 변화했을 뿐이라고도 할 수 있다. 인터넷이 발달하면서 홈페이지나 커뮤니티 사이트, 블로그, SNS, 리뷰 사이트 등 이용되는 미디어가 달라졌을 뿐이다.

사람에게서 사람으로 전해지는 정보 전파가 그 토대를 이룬다. 사람들이 만나 나누던 대화나 잡담과 같은 커뮤니케이션이 온라인상에서도 가능해지면서 이제는 SNS상에 온갖 게시물이 올라오고 정보가 사람에게서 사람으로 퍼져 나간다.

독자적인 미디어 이론을 제창한 것으로 유명한 마셜 매클루언은 과학기술과 미디어를 인체의 '확장'이라고 주장했다. 그의 말에 따르면 'SNS는 입소문과 인간관계를 확장했다'고 할 수 있겠다.

'갬성'도 예전부터 존재했다

인스타그램이 유행하면서 몇 년 전부터 '인스타 갬성'이라는 말을 사용하게 되었다. 이 말도 아주 오래전부터 변하지 않는 '인간은 사회적 동물이다'라는 인간의 본질에서 비롯되었다.

인간은 집단생활을 하는 사회적 동물이다. 집단생활을 통하여 지금까지 살아남은 인간은 타인과의 관계를 가치 있는 것으로 느낀다. 그리고 옛날부터 털 고르기를 하듯이 커뮤니케이션을 취하거나, 어떤 인간관계를 맺고 있는지를 보여주는 사교적인 행동을 하기도 한다. 같은 이유로 페이스북에서 '오늘 ○○ 씨와 식사했다.' 하고 자랑하거나, 인스타그램에 '남자친구와 △△에 갔다.', '이런 사람과 어울리고 있다.' 식의 글을 올리기도 한다.

SNS가 존재하지 않던 시대에도 반지를 교환해서 연인의 존재를 드러내거나, 고급스러운 옷을 입거나 가방을 들고 사회적 지위를 과시하기도 하고, 교복 등을 맞추어 소속된 커뮤니티를 나타내는 등 이전부터 볼 수 있던 행동들이다. SNS가 등장하면서 사람들 앞에서 보여주던 행동이 SNS를 통하여 광범위하게 드러나게 되었을 뿐 인간의 행동 원리는 달라지지 않았다.

이러한 행동은 페이스북이나 인스타그램에서 처음으로 확인된 것은 아니다. 사회적 동물인 인간의 특성을 생각하면 아마 원시시대부터 이러한 행동을 보이지 않았을까.

변해가는 것은 디테일

어떤 매개체를 이용하느냐 하는 디테일이 계속 진화하고 있을 뿐이다.

인터넷이 등장한 이후의 미디어 변천 과정에 대해서도 짚고 넘어가자. 이동 통신 기술을 나타내는 3G나 5G라는 말을 들어보았을 것이다. 여기서 G란 Generation세대의 약자다. 3G에서 4G, 5G로 발전하면서 통신 규격과 통신 기술이 진화하며 더 많은 정보를 담아 표현할 수 있게 되었다.

전화 회선을 이용하여 인터넷에 접속하던 시절에는 사진 한 장을 내려받아 보는 데 30분을 기다리기도 했다. 그래서 데이터 용량이 가장 가벼운 텍스트문자를 많이 이용하였다. 텍스트 교환을 기반으로 한 채팅이 보급된 것도 이 무렵이다.

통신 속도가 빨라지면서 이미지 등 용량이 무거운 파일을 주고받게 되었다. 그리고 페이스북 등 새로운 서비스가 등장하며 사용자도 늘어났다.

5G 환경에서는 동영상도 끊김 없이 볼 수 있게 되어 틱톡이나 인스타그램 릴스[2] 등을 통하여 짧은 동영상도 부담 없이 올릴 수

---

2 **인스타그램 릴스** : 2020년 8월부터 인스타그램에서 제공하는 기능으로, 짧은 동영상(최대 90초)을 올리거나 볼 수 있다.

있게 되었다.

즉 누구나 쉽고 간편하게 정보를 올릴 수 있게 되었다는 의미다. 그 덕분에 스마트폰으로 24시간 언제 어디서나 간단히 몇 번만 터치하면 남녀노소 누구나 정보를 올릴 수 있게 된 측면도 있다.

도표 2-2 인터넷을 이용한 정보 공유 방법의 변천

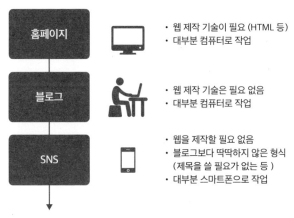

누구나 손쉽게 언제 어디서나 정보를 올릴 수 있는 시대로

다음에는 무슨 시대가 도래할까? 유력한 후보로 라이브 방송을 꼽을 수 있겠다. 5G로 통신 기술이 진화하며 인프라가 갖추어지면서 텍스트에서 이미지, 동영상, 라이브 방송으로 점차 더 많은 정보를 담은 커뮤니케이션이 이루어질 것으로 예상된다.

라이브 방송 외에도 메타버스라고 불리는 가상 공간이나 AR증강 현실, VR 관련 기술 등을 활용하여 표현할 수 있는 정보량도 점차 많아질 것이다. 메타버스는 페이스북이 '메타Meta'로 사명을 변경했을 정도로 공을 들이고 있는 영역이다. VR 헤드셋 메타 퀘스트Meta Quest를 출시하면서 관련 기술을 활용하여 메타버스 공간을 실현하기 위해 공격적으로 공략 중이다. 참고로 '메타버스'라는 말은 'Meta초월'와 'Universe우주'를 조합하여 만든 단어로, 현재는 '인터넷상의 가상 공간'을 가리키는 의미로 사용된다. 1992년에 SF소설 『스노 크래시』에서 처음으로 사용되었다고 한다. 다만 이 소설이 나오기 이전에도 '3D 가상 공간'이라는 개념은 존재했을 것이다.

신문과 잡지, TV에서 인스타그램과 틱톡으로 정보를 연결하는 주요 접점이 변하고 있다는 말은 사람들이 미디어를 이용하는 방법이 달라졌다는 뜻이다. 지금 사람들이 어떤 식으로 미디어를 이용하고 있는지, 가처분 시간을 어떻게 사용하고 있는지, 자사의 타깃은 누구이며 어떤 미디어를 이용하는지, 주요 고객 접점의 변화에 따라 가장 효과적인 미디어 활용법도 달라지는 법이다. 항상 변화에 맞추어 전략도 바꾸어야 한다.

소셜 미디어의 본질

디지털 전성기에서의 프로모션의 변천

2000년대 초반부터 기업과 개인을 불문하고 웹사이트를 만들기 시작했다. 이윽고 디지털 광고와 뒤에 설명할 SEO검색 엔진 최적화, 애드 테크놀로지3가 생겨나면서 디지털 마케팅 기법이 한층 성숙해졌다.

2000년대 중반부터 블로그와 SNS를 비롯한 소셜 미디어가

3　애드 테크놀로지 : 웹 광고나 인터넷 광고를 효율적으로 내보내는 시스템. 알맞은 위치에 딱 맞는 사용자를 대상으로 광고를 내보냄으로써 광고 효과를 극대화할 수 있다.

등장한다. 그리고 그후 트위터현 엑스와 페이스북이 퍼지면서 SNS 마케팅이 탄생했다. 소셜 미디어를 이용하여 개인 사용자의 적극적인 정보 공유, 사용자 간의 커뮤니케이션이 가능해지면서 미디어를 통한 양방향 소통이 자리를 잡았다.

소셜 미디어를 기존 디지털 마케팅 전술에 사용하는 하나의 수단으로만 생각하면, 고객과 접점을 가질 수 있는 소셜 미디어의 효과가 제대로 발휘되지 못한다. 그리고 대중 매체 마케팅과 같은 방식으로 디지털 마케팅을 진행하면 바라던 성과를 거둘 수 없을 것이다.

소셜 미디어의 변천을 차례로 살펴보면서 변하지 않는 본질을 파악하자.

웹 2.0을 상징하는 '블로그'

'웹 2.0 Web 2.0'이란 2000년대 중반 이후의 웹을 나타내는 개념이다. 팀 오라일리오라일리 미디어의 창립자가 정의한 말로, 풍부한 사용자 경험과 롱테일비인기 상품의 진열이 가능해지면서 비인기 상품이 높은 이익을 창출하는 새로운 비즈니스 모델을 생성하는 것, 양방향성 등을 특징으로 꼽을 수 있다.

블로그와 SNS 등 소셜 미디어가 웹 2.0을 대표하는 웹 서비스다. 이전에는 사용자가 정보를 일방적으로만 받을 수 있었지만,

소셜 미디어가 등장하면서 양방향으로 주고받을 수 있게 되었다.

예를 들어 블로그에 글을 올리면서 해시태그를 달면 해시태그와 관련된 다른 블로그도 볼 수 있다. 글을 올린 사용자를 축으로 삼을 수도 있고, 동시에 글을 읽은 사용자의 흥미와 관심을 축으로 삼아 커뮤니티를 만들 수도 있다.

이윽고 사용자가 올린 정보를 흥미와 관심별로 정리한 웹 서비스가 탄생한다.

생활 인프라로 자리 잡는 SNS

처음에 SNS는 사용자 간의 커뮤니케이션에 중점을 두었다. 그 기능이 점점 확장되며 SNS가 하는 역할도 달라졌다. 이제 SNS는 폭넓은 용도로 이용된다. 예를 들어 이제는 일반적으로 좋아하는 음악가나 가수의 홈페이지 대신 그들의 SNS 계정을 찾아보는 경향을 보인다. 친구와 채팅할 때면 메신저 앱뿐만 아니라 인스타그램이나 엑스의 DM 기능으로 대화하는 광경도 흔히 볼 수 있다.

이제는 TV를 보듯이 SNS 동영상을 보는 것도 당연한 일이 되었다. 예를 들어 '오늘 저녁에는 뭘 해 먹을까?' 그런 생각이 들면 자연스럽게 유튜브에서 레시피 동영상을 찾아서 보기도 한다. 이전에는 레시피 책을 뒤적이던 사람이 이제는 유튜브에서 레시피 동영상을 찾아서 보게 되었다. 요리 관련 정보를 올리는 유튜버도 정말 많아졌다.

그 밖에도 인스타그램에서 음식점을 검색하거나, 라이브 방송을 보면서 구매할 옷을 찾는 등 커뮤니케이션 툴로 출발한 SNS는 현재 다양한 목적으로 활용되고 있다.

정보를 검색할 때도 마찬가지다. '검색은 구글이지.', '검색은 야후지.' 그렇게 생각하는 사람도 아직 많을 것이다. 그러나 이제는 정보수집 방법으로 자연스럽게 엑스나 인스타그램을 이용한 SNS 검색, 유튜브를 이용한 동영상 검색을 떠올리기도 한다. 여행지나 이벤트 정보를 미리 알아보거나, 화장품 등 상품을 구매하기 전에 개인이 올린 솔직한 후기와 평판을 조사하기도 한다. 콘텐츠 장르에 따라 다르지만, 구글이나 야후에서 검색하던 정보를 점차 SNS에서 검색하게 되었다. 그래도 구글 검색이 편리하다는 점은 변하지 않으므로 구인 정보 검색, 매물 검색, 신용 카드 비교, 다른 사람에게 말할 수 없는 고민 상담 등은 여전히 구글이 우위를 차지하고 있을 것이다. 지식 관련 검색을 할 때는 계속해서 구글을 이용하고, 엔터테인먼트나 시사 관련 검색은 점점 SNS를 이용할 것으로 예상된다.

따라서 비즈니스 관점에서 보면 홈페이지의 SEO를 관리하듯이 SNS에 올리는 게시물도 글도 잘 생각해서 올려야 한다. 예를 들어, 브랜드명이나 상품 카테고리명을 캡션으로 넣거나예 : 삿포로의 수프 카레 가게 ○○입니다, SNS 검색의 니즈를 파악하고 이를 역산하여 기획한 글을 올릴 수도 있다. 음식점이라면 방문 후기 동영상에 '갬성'이 담겼으면 좋겠다, '있는 그대로의 가게 내부 모습을 보고 싶다', '어떤 사람이 손님을 맞이해 줄지 궁금하다' 등 검색 니즈에 맞추어 SNS에 올릴 내용을 준비하면 좋다.

주요 SNS 및 디지털 플랫폼의 '지금'을 알다

각 SNS 및 디지털 플랫폼의 특징과 동향

많은 사람이 '인간이 가진 근본적인 욕구를 폭넓게 채우기 위해서' SNS나 디지털 플랫폼을 이용한다. 시대의 변천에 따라 다양한 플랫폼이 생겨났다. 하지만 SNS와 디지털 플랫폼이 소비자에게 '정보나 사람과의 만남의 장'임에는 변함이 없다.

현재 주요 SNS와 디지털 플랫폼인 페이스북, 엑스, 인스타그램, 틱톡 등은 모두 '만남의 장'이라는 공통적인 역할을 한다. 그러나 서비스마다 사용법과 분위기, 뿌리내린 문화는 다르다.

더불어 소비자들은 대부분 여러 얼굴을 가지고 있으며 다양한 커뮤니티에 소속되어 있다. 예를 들면 한 사람을 '섬 출신', '마케터', '스포츠 애호가', '두 아이의 아버지' 등 다양한 말로 표현할 수 있다. 각각의 얼굴과 커뮤니티는 흥미와 관심, 라이프 사이클에 따라 변화한다. 보여주고 싶은 얼굴이나 목적에 따라 이용하는 플랫폼도 달라진다. 현재 틱톡만 이용하는 사용자도 진학하거나 취직하면서 페이스북을 이용하기 시작할 수도 있다.

지금부터는 주로 이용되는 각 플랫폼에 어떤 특징이 있으며, 비즈니스 측면에서 어떻게 활용할 수 있는지 알아보겠다.

엑스

엑스는 텍스트를 이용한 커뮤니케이션이 활발하다는 특징이 있다. 인스타그램과 달리 꾸밀 필요 없이 다른 SNS보다 손쉽게 글을 올릴 수 있다. 사진이나 동영상도 필요 없고, 머릿속을 스친 생각을 바로 글로 적어 올릴 수 있다.

엑스라고 하면 실시간 정보를 '지금 ~하는 중'이라고 올리거나 '혼잣말'처럼 하고 싶은 말을 적는 SNS를 떠올리지 않을까. 지진이 일어나면 바로 엑스를 켜고 '지금 흔들렸다.'라고 올리거나 '지진'으로 실시간 검색을 해서 각지의 상황을 파악하는 데도 이용한다. 그 밖에도 출퇴근 중에 전철이 운행을 멈추면 전철 노선명으로 검색하여 지연된 원인을 확인하기도 한다. 스포츠 빅 이벤트가 개최되면 속보를 띄우며 분위기가 고조되기도 하고, 승부가 나는 순간에 마치 음식점에서 퍼블릭 뷰잉을 하듯이 '와아아아아아', '축하해요!!'와 같은 글이 난무하는 것이 엑스의 특징이다.

마케팅 관점에서 보면 알게 되는 계기를 만들거나 인지, 흥미와 관심 등 '당사자 의식'을 자극하는 데 적합한 SNS다. 특히 엑스만큼 화제를 만들기 좋은 SNS는 없다. 정보 확산의 시작점으로서 뛰어난 특징을 갖추었기 때문이다. 엑스에는 재게시리트윗, RT 기능이 있다. 인스타그램 등 다른 SNS에는 없는 특징이다. 예를 들면 자기 계정의 팔로워가 100명밖에 없어도 게시물이 재게시되면서 많은 사람에게 퍼질 가능성이 있다. 엑스에서 주목받은 화제가 TV나 인터넷 뉴스에서 소개되는 일도 많아 'SNS에서 시작된 PR'을 노리기도 쉽다. 뛰어난 확산력과 화제 만들기 용이하다는 점에서 우수한 SNS다.

엑스는 다른 SNS와 달리 게시물 데이터를 수집하고 분석할 수 있는 장점도 있다. 익명 계정이나 특정 사용자만 볼 수 있는 비공개 계정의 정보는 얻을 수 없지만, '누가 자사 브랜드에 관한 사용 후기를 올렸는가?', '그 사용 후기는 긍정적인가? 부정적인가?' 이와 같은 의문의 가설을 검증하기 쉬운 장소라고 할 수 있다.

확산의 기점이 되기 쉽고, 확산 상태가 데이터로 잘 나타나고, 요인을 특정하기 쉬운 것이 엑스의 장점이다. '이런 글을 올린 결과 UGC가 늘었다.', '이 캠페인을 실시한 결과, UGC가 늘었다.' 이처럼 효과를 쉽게 검증할 수 있고, PDCA - Plan계획, Do실행, Check평가, Action개선 사이클에 따라 UGC 전략을 실행하기 쉽다.

이제 일론 머스크가 인수한 이후에 생긴 변화를 살펴보자. 인수된 이후로 다양한 기능이 추가되었다.

첫 번째로 엑스의 상징이었던 140자 이내라는 제약을 없애서 2023년 2월부터 수천 자가 넘는 장문을 올릴 수 있게 되었다. 기존의 '엑스에 뉴스 기사를 올리면 링크를 클릭하여 웹 미디어에서 읽는' 방식에서 '엑스 내에서 장문의 뉴스 기사를 끝까지 읽는' 방식으로 바뀔 것이다. 그동안 엑스를 경유한 웹 유입 수에 의존하고 있었다면 비즈니스 모델을 새롭게 바꾸어야 할 수도 있다. 하지만 여전히 텍스트 콘텐츠의 새로운 콘텐츠 유통 채널로 모색할 여지가 있다. 장문 콘텐츠를 계기로 대화가 시작되기도 하니 얼마든지 활용할 수 있지 않을까.

두 번째로 엑스는 지금까지 팔로우 중인 사람의 정보를 볼 수 있는 장소였지만, 이제는 추천에 의한 정보 전달 비중이 더욱 커졌다. 이에 대한 자세한 대처 방법에 관해서는 4장의 '법칙 6'을 참조 바란다. 더불어 2023년 3월 31일미국 시각에 '추천' 알고리즘 등 일부

소스 코드를 공개했다. 엑스의 변화는 이제 시작된 듯하다.

인스타그램

인스타그램의 가장 큰 특징은 사진이나 동영상을 올려 '비주얼 커뮤니케이션을 즐기는 장소'라는 점이다. 이제는 캡션 내에 다양한 텍스트를 쓸 수 있게 되었지만, 기본적으로는 비주얼을 보고 직관적으로 즐기는 SNS다.

처음에는 프라이빗 그래프4용으로 개발되었지만, 2011년에 해시태그 기능, 2012년에 돋보기 검색 기능이 생기면서 인터레스트 그래프5를 구축하는 SNS로 활용할 수 있게 되었다. 한편 '인스타 갬성'이라는 말이 생기면서 '예쁘고 느낌 있는 사진이 아니면 올리기 어려운' 심리적 장벽이 높아져 버렸다.

그때 2016년에 등장한 '스토리' 기능이 큰 역할을 했다. 24시간이 지나면 게시물이 사라지고 '좋아요' 수나 댓글 수 등 인기를 나타내는 숫자가 표시되지 않는다. 심리적 장벽을 낮추어 개인의 일상이나 자연스러운 모습을 부담 없이 올릴 수 있는 기능으로 자리매김했다. 또, 2021년 5월에는 '좋아요' 수를 숨길 수 있는 기능도 추가되었다. 이 또한 '갬성' 문화의 폐해를 완화하는 조치로 보

---

4 **프라이빗 그래프** : 아주 친한 친구나 가족 등 친근하고 사적인 인간관계를 가리킨다.

5 **인터레스트 그래프** : 같은 취미나 기호, 흥미와 관심, 주의와 주장을 가진 인간관계를 가리킨다.

인다.

인스타그램의 공식 발표에 따르면 스토리 기능을 매일 이용하는 계정 수는 약 5억2019년 1월 발표이라고 한다. 최근에는 EC와 지도 검색 기능도 강화되어 이제 인스타그램은 사람들의 의사 결정과 구매에 큰 영향을 미치는 SNS로 자리 잡았다.

엑스와 달리 재게시 같은 기능은 없어 확산성이 낮다. 그만큼 '깊이 관여하는 점'도 인스타그램의 특징이라고 할 수 있겠다. 엑스는 자신이 흥미가 없는 게시물도 타임라인에 표시되지만, 인스타그램은 주로 사용자가 흥미와 관심이 있는 게시물이 표시되기 쉬운 구조로 이루어져 있다. 인스타그램은 '좋아하는 것을 찾기 쉬운' 장소라고 할 수 있다.

추천 기능이 있어 일부러 좋아하는 장르의 계정을 팔로우하지 않아도 자신이 자주 보고 '좋아요'나 댓글을 다는 등 반응한 장르의 게시물을 알아서 추천해 주기 때문이다. 예를 들어 요리 계정만 보는 사람들은 자기 계정의 '찾기' 메뉴에 음식 관련 게시물이 많이 올라올 것이다. 개나 고양이를 좋아하는 사람들에게는 강아지, 고양이 관련 게시물로 가득할 것이다. 자신이 좋아하는 것을 계속 볼 수 있고, 참여도를 높이기 쉬운 장소라는 할 수 있다.

그중에는 추천 기능을 효과적으로 이용하여 정보를 수집하는데 자유자재로 활용하고 있는 사람도 있다. 예를 들면 화장품을 좋아하는 사람이 추천에 해당 장르의 게시물만 올라왔으면 한다면 '화장품 전문 계정'을 만들고, 자신이 좋아하는 화장품 게시물만 보는 식으로 이용한다. 특정 장르에 특화된 계정 활용법은 다른 SNS에서도 흔히 볼 수 있지만, 인스타그램에서는 의류 전문 계정, 인테리어 전문 계정 등 비주얼 커뮤니케이션을 즐길 수 있는 정보를 올리는 장소로 애용된다.

마케팅 관점에서 보면 의류, 화장품, 인테리어 등 비주얼로 구매를 유도할 수 있는 유형 상품과 서비스에 적합한 SNS다. 2018년부터 쇼핑 기능도 추가되어 신발이나 재킷을 찾는 등 윈도 쇼핑을 하듯이 이용할 수 있는 장소가 되었다. 비주얼 중심으로 언어와 무관하게 즐길 수 있는 콘텐츠를 만들기도 쉬워서 국경을 초월하여 브랜드와 관광지를 알릴 수 있는 장소이기도 하다.

페이스북

다른 SNS와 가장 큰 차이는 계정을 만들 때 실명 등록이 의무라는 점이다.

실명을 등록하는 페이스북은 '실제 사회의 인간관계에 기인한 SNS'라는 특징이 있다. 고향이나 직장 등 연결점이 있는 사람들을 대상으로 '이런 이벤트에 나갑니다.', '이런 책을 냈습니다.' 이와 같은 활동을 홍보하는 도구로 사용된다. 페이스북에 올린 정보를 계기로 옛 친구와 재회한 경우도 많이 볼 수 있다.

다른 SNS와 비교하면 개인이 정보를 올리는 동기로 '개인사'를 공표하는 장소라고 할 수 있겠다. 예를 들면 '아이가 태어났어요.', '이직했어요.', '이사했어요.'와 같은 내용이다. 격식 없이 정보를 올리는 엑스에 비해 공식적인 성향을 보이며 격식을 차려 정보를 올리는 경향을 보인다. '공식적인 자신'을 연출할 수 있는 장소라고 할 수 있다.

페이스북에 국한된 이야기는 아니지만, SNS는 비상시에 전화를 대체하는 통신 수단으로서도 능력을 발휘한다. 2011년 동일본 대지진에서는 연결이 잘 안 되던 전화 대신 페이스북이나 엑스를 통하여 안부를 확인한 사용자도 많았다. 재해 시 연락을 취하려는 사람이 증가하여 전화 회선이 혼잡해지면 통신사는 통화량을 제한하여 연결이 잘 안 되기도 한다. 인터넷으로 연결된 SNS는 일부 회선에서 장애가 발생해도 다른 경로를 통하여 통신할 수 있다. 특히 안부를 확인하는 데는 비동기 커뮤니케이션으로도 충분히 가능하다.

페이스북을 비즈니스 목적으로 활용한다면 어떨까. 예를 들어 보험이나 부동산과 같은 개인을 대상으로 삼는 영업 담당자라면, 개인적인 인맥으로 다른 사람과 관계를 맺으면서 계속 접점을 확보하는 식으로 이용할 수 있겠다. 법인 영업 담당자여도 마찬가지다.

페이스북 페이지[6]나 페이스북 그룹[7] 등 '커뮤니티를 만드는 장소'로서도 활용된다. 커뮤니티 마케팅[8]을 진행하는 장소로도 종종 사용된다.

디지털 광고 관점에서 보면, 페이스북 광고는 타깃팅 정확도가 높은 강점을 지녔다. 실명제이며 생년월일과 주소, 직업, 누구와 누가 친구 관계인지 등 개인적인 정보를 가지고 있기 때문이다.

틱톡

틱톡은 짧은 동영상, 숏폼으로 불리는 15초~수분 정도의 동영상 서비스를 제공하는 숏폼 플랫폼이다. 틱톡에서 개인이 영상을 올리는 동기는 '주목받는 스테이지에 서고 싶기' 때문이다. 추천 시스템을 통하여 자신이 올린 영상을 팔로워가 아닌 사용자도 보기 쉬워서 노출 기회가 많은 것이 특징이다. 젊은 층을 중심으로 사용자가 늘고 있다.

---

6 **페이스북 페이지** : 페이스북에서 이용할 수 있는 기능 중 하나로, 주로 기업이나 브랜드, 단체 등의 비즈니스용 페이지를 작성할 수 있다. 사용자와 교류하거나 정보를 올리는 목적으로 이용하는 경우가 많으며, 비즈니스에 활용할 수 있는 기능이 다수 탑재되어 있다.

7 **페이스북 그룹** : 비즈니스, 취미 등 주제별로 구성원을 모집하여 정보를 공유하거나 교류할 수 있는 페이스북의 기능이다. 그룹의 목적에 따라 공개 그룹, 비공개 그룹, 비밀 그룹 중에서 선택할 수 있다.

8 **커뮤니티 마케팅** : 같은 흥미와 관심을 가진 집단(커뮤니티)을 활용한 마케팅 기법. 여기서는 주로 자사의 상품이나 서비스에 흥미와 관심, 호의를 가진 기존 고객에 의한 커뮤니티를 가리킨다.

초기에는 댄스 동영상을 올리는 SNS라는 이미지가 강했지만, 지금은 교육 관련 콘텐츠나 레시피 동영상 등 콘텐츠와 크리에이터의 폭 모두 계속 넓어지고 있는 플랫폼이다.

같은 동영상 플랫폼인 유튜브와 비교하면, 유튜브는 비교적 전문가가 만든 콘텐츠가 많은 데 비해 틱톡은 일반 사용자가 제작한 콘텐츠도 많다. 틱톡을 '개인이 주목받는 무대'로 생각할 수도 있다. 앱을 통하여 동영상 촬영부터 편집, 가공까지 간편하게 할 수 있는 점도 인기를 얻은 이유다.

다른 주요 플랫폼과 비교하면 틱톡은 커뮤니케이션보다 '시청하며 즐기는 장소'로 사랑받고 있다. 마음에 드는 계정을 팔로우하는 기능은 있지만, '팔로잉/팔로우' 피드가 아닌 '추천' 피드로 시청하는 사용자가 많으며, 자신의 취향에 맞는 영상이 계속 자동으로 추천되는 구조로 이루어져 있다.

유튜브

유튜브는 2005년 2월에 설립되어 2006년 11월에 구글이 16.5억 달러에 인수한 서비스다. 기본적으로는 동영상을 올리는 장소다. 최근에는 라이브 방송 기능을 이용하거나, '유튜브 쇼츠'라는 짧은 동영상을 올릴 수 있게 되었다.

유튜브의 주요 이용 목적은 '프로그램 시청하기'다. 청소하면서 영화를 고찰하는 동영상을 보거나, 동아리 활동을 위해 운동선수가 강의하는 동영상을 보거나, 레시피 동영상을 보면서 저녁 준비를 하는 등 '배움', '여가의 즐거움' 등의 관점에서도 이용한다. 세 살 아이가 스마트폰을 능숙하게 사용하여 동영상 시청 중에 광고가 나오면 'x' 표시를 눌러 건너뛰거나, 관련 동영상 메뉴를 스크롤 하면서 다음으로 보고 싶은 프로그램을 스스로 고르는 모습도 흔히 볼 수 있다필자의 딸이 그렇다. TV 화면에 연결하여 유튜브를 시청하다가 TV 화면에 손을 대고 스크롤 하려고 할 때도 있다.

유튜버라는 말이 생겨난 것처럼 개인에 의한 동영상 업로드도 활발히 이루어진다. 개인이 동영상을 올리는 동기는 '프로그램을 공개한다'에 가까울지도 모른다. 최근 몇 년간 비즈니스 관련 유튜브 채널이 늘어나고, B to C 영역에서 연예인이 유튜브 채널 운영에 뛰어드는 일도 늘고 있어 점차 경쟁이 과열되고 있다. 민영방송에서는 규정상 방송하기 어려운 장르폭력, 범죄, 성인 등의 프로그램도 눈에 띄며 매일 다양한 콘텐츠가 업로드되는 플랫폼이다.

유튜브를 비즈니스 목적으로 활용하려면, 엑스에 비해 채널 운용에 상당한 비용이 든다. 동영상에 등장하는 인물 캐스팅을 비롯하여 촬영은 물론 동영상 편집 작업도 해야 하기 때문이다. 한편 동영상이므로 상품이나 서비스에 관하여 열정적으로 소개할 수 있거나, 마치 그 사람으로부터 직접 배우는 듯한 강렬한 경험을 할 수 있다. 좋은 성과를 거두려면 이러한 장점을 잘 살려서 활용해야 한다. 목적과 투자 대비 효과도 고려하여 '채널 운용을 해야 하는가, 아니면 하지 말아야 하는가'를 심사숙고하자. 유튜버에게 협찬을 의뢰하거나, 유튜브 광고를 내는 등 여러 가지 방법을 함께 검토하면 좋다.

스레드

스레드는 2023년 7월에 메타에서 출시한 서비스다. 스레드 내에 개설된 @zuck마크 저커버그 계정에 '스레드의 비전은 대화를 위한 개방적이고 친근한 공개 공간을 만드는 것이다.'라는 게시물이 올라왔으며, 엑스처럼 대화에 중점을 두고 있는 것이 특징이다. 사용자 수가 계속 늘어나고 있어 향후 동향을 주시해 보자.

'틱톡이나 인스타그램을 전혀 모른다.' 그렇게 생각해도 예전부터 존재하던 커뮤니티 사이트나 블로그, 메일, TV 프로그램 등 익숙한 미디어와 비교하여 보면, 의외로 비슷한 구석이 많다.
다시 한번 말하지만, 사용해 본 적이 없는 SNS 앱을 스마트폰에 설치하여 직접 경험해 보기 바란다.

이번 장에서는 변하지 않는 본질과 변하는 디테일을 정리하여 설명하였다. 달라진 점은 스마트폰과 SNS, 디지털 플랫폼이 보급되면서 개인이 언제 어디서나 정보를 올릴 수 있게 되었다는 점이다. 지금까지는 회선에 큰 부하가 걸려서 다루기 어려웠던 동영상조차도 5G 등 통신 환경이 진화함에 따라 손쉽게 올리거나 시청할 수 있게 되었다.

한편, 변하지 않는 점은 SNS와 디지털 플랫폼을 이용하고 있는 것은 인간이며, 이러한 매체를 통하여 영향을 주고자 하는 상대도 인간이라는 점이다. 외로워지면 사람들과 대화하고 싶어지거나, 한가해지면 콘텐츠를 보면서 시간을 보낸다. 상품이 화제에 오른 것을 계기로 인지하더라도 갖고 싶다는 생각이 들지 않으면 사지 않는다. 디지털 플랫폼은 점점 진화하므로 이에 뒤처진 듯이 느껴지거나, 따라잡지 못해서 포기하고 싶은 마음이 들 수도 있겠지만, 인간과 미디어 활용의 본질은 바뀌지 않는다. '매출 증가를 위해서'라는 단순한 목적을 가지고, 자사의 사업 현황에 가장 알맞은 미디어를 선택하면 될 뿐이다.

73

제3장

SNS 시대의
구매 프로세스는
ULSSAS(울사스)로

SOCIAL MEDIA

MARKETING

마케터가 직면한 환경 변화

소셜 미디어를 둘러싼 환경 변화

2장에서는 SNS에 익숙하지 않은 사람들을 위해 SNS의 일반적인 개요를 설명했다. 사생활이나 업무상 일상적으로 SNS를 접하는 사람이라면 이미 대부분 알던 내용일 수도 있다.

3장에서는 SNS에 관하여 잘 알려지지 않은 의외의 사실을 다루어 보고자 한다.

확산 메커니즘, 화제의 지속성, 확보해야 할 팔로워의 특성 등 필자들이 그동안 경험하며 쌓아온 사실과 데이터 분석 등을 통해 얻은 지식을 보다 정확하게 소비자 행동을 이해하고 미디어 구조를 파악하는 데 활용해 주기를 바란다. 좋은 전략은 정확한 상황을 파악하는 데서 비롯되는 법이다.

먼저 외부 환경부터 살펴보자. 요즘 마케터와 소셜 미디어 담당자들은 다양한 환경 변화를 겪고 있다.

- 구글의 알고리즘이 달라져 기존에 하던 대로 SEO를 관리해도 지금까지와 같은 검색 순위를 유지할 수 없어 방법을 바꾸어야 한다
- 좋은 콘텐츠를 만들어도 경쟁 상대가 금세 따라 한다
- 애드블록광고 차단 기능으로 광고 노출이 어려워진다
- 서드 파티 쿠키에 대한 규제로 자사 사이트를 방문했던 사용자를 사이트 이탈 후에도 추적하는 '리타깃팅 광고'가 점점 막히는 추세다
- 제휴 광고에 대한 법적인 규제
- 스텔스 마케팅에 대한 법적인 규제

점점 선택지가 줄어들고 있다.

유럽의 개인정보 보호 규정 GDPR[1]에 관하여 조금 더 자세히 살펴보자. 플랫폼에서 데이터를 쥐고 있던 시대에서 벗어나 '개인에게 힘을 되돌려 주자.', '자신의 정보는 스스로 관리하자.' 이러

---

1 GDPR : 프라이버시 보호를 목적으로 2018년 유럽 각국에 도입된 '유럽 연합(EU) 개인정보 보호 규정'의 약자.

한 움직임이 전 세계에 파문을 일으키고 있다.

예를 들어 GDPR에 따르면 기업이 쿠키Cookie : 사용자가 웹사이트에 접속한 이력 등의 정보를 이용하는 데 동의를 구하는 절차를 밟아야 한다. 도표 3-1과 같은 배너나 팝업을 본 적이 없는가?

'거부하기'를 선택하면 쿠키 이용에 동의하지 않겠다는 뜻이다. 기업으로서는 리타깃팅 광고 등 고객 확보 효율이 좋은 패를 잃고 만다. 그렇기에 더더욱 기업 공식 SNS 계정 운용이나 바이럴 마케팅에 투자하지 않을 수 없다.

도표 3-1 쿠키(Cookie) 사용 동의 여부에 관한 팝업 예시

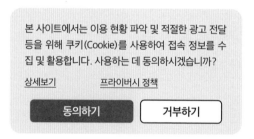

지금까지 디지털 마케팅은 전술적인 면에서 '다이렉트 리스폰스Direct response' 영역이 발달해 왔다. 예를 들면 SEO나 LPO랜딩 페이지 최적화, 광고 운용과 같은 방법이 이에 해당한다. 그러나 이러한 방법은 앞서 이야기한 쿠키와 제휴 규제 등 다양한 환경 변화에 영향을 받고 있다.

그리고 요즘 같은 저출산 및 고령화 시대에 이미 많은 관심을 보이는 고객만 상대해서는 시장을 넓힐 수 없다.

더욱이 검색어를 둘러싸고 경쟁자들이 늘어나면서 리스팅 광고[2]검색 광고의 경매 경쟁이 치열해지며 광고를 클릭할 때마다 기업에서 부담하는 클릭 단가가 올랐다. 당연히 고객 확보 단가가 오를수록 수익은 줄어든다.

SNS와 디지털 플랫폼의 알고리즘도 자주 바뀐다. 틱톡에 대항하여 트위터와 인스타그램도 팔로우 및 팔로워 관계를 기반으로 추천하는 데 중점을 둔 공간을 구축하고자 알고리즘을 개발했다. 그 결과 기존에 하던 대로 자사 계정을 운용해도 생각만큼 게시물이 표시되는 횟수가 늘지 않거나, 노출되지 않아 고민인 사람도 많지 않을까?

더불어 SNS 운영사가 규정을 변경하는 경향도 보인다. 'OO를 선물할 테니 사용 후기를 작성해 줘.', 'OO를 선물할 테니 계정을 팔로우해 줘.' 이와 같은 선물 캠페인을 벌일 수 없게 되는 등 점점 기존에 통하던 기법을 쓰기 어려워지고 있다.

게다가 정보의 99%는 정작 봐야 할 사람이 보지 못한다. 인터

---

2 **리스팅 광고** : 검색 엔진에 입력하는 키워드와 관련하여 표시되는 광고. 클릭 수에 따라 과금이 되는 유형의 광고로, '검색 연동형 광고'라고도 한다. 대표적으로 구글 광고와 야후 광고가 있다.

넷, 스마트폰, SNS가 보급되면서 정보 환경이 크게 변하고 있다. 개개인이 정보 제공의 주체가 되어 사회에 유통되는 정보량이 폭발적으로 증가하고 있기 때문이다.

현대인은 수없이 많은 정보를 접한다. 단순한 광고는 눈에 들어와도 무시한다. 정보를 계속 내보내기만 해서는 소비자에게 전달되지 않는다. 실제로 사람들 대부분이 날마다 보는 수많은 광고에 거의 신경 쓰지 않으며 지내지 않는가.

왜 주목을 모으기 어려운가
'SNS의 일곱 가지 사실'

'누구나 보는 미디어'는 존재하지 않는다?

현재 30대 이상인 사람은 학창 시절에 "어제 개그 콘서트 봤어?", "월화 드라마 봤어?" 이런 대화를 나눈 경험이 있지 않을까. 대중 매체에서 방송하던 콘텐츠를 거실에서 시청하던 시대였다.

지금은 미디어가 세분화되어 연말 특집 방송이나 월드컵 등 국민적 콘텐츠가 아닌 한 이제 누구나 같은 미디어를 보는 일은 없어졌다. 그렇게 변한 가장 큰 요인은 스마트폰의 보급이다. TV가 한 방에 한 대씩 있는 가정은 거의 보기 드물었었다. 그러나 이제는 한 사람이 한 대의 스마트폰을 가지고 있다.

정보 또한 개개인에게 맞추어 내보내게 되었다. 각 SNS는 사용자의 취미와 기호, 행동으로부터 다양한 데이터를 모으고, 추천을 통하여 정보를 내보낸다. 구글 검색만 해도 각자 보고 있는 검색 결과가 다르게 표시되고 있을 것이다.

미디어가 세분화된 결과, 각자 보는 미디어도 달라졌다. 하나의 큰 커뮤니티는 사라지고 무수한 작은 커뮤니티가 형성되었다.

도표 3-2 미디어의 세분화

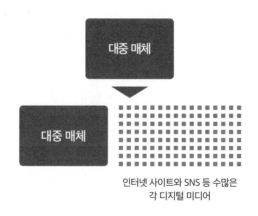

인터넷 사이트와 SNS 등 수많은
각 디지털 미디어

정보는 '넓고 얕게'에서 '좁고 깊게' 형태로 변하였다. 모두가 같은 정보를 보는 시대가 끝나고, 각자 다른 정보를 보는 시대가 되었다. 이러한 세분화가 일어난 결과, 대중 매체에서 한 번에 모든 사람에게 정보를 전달하기가 어려워졌다.

사람은 사용하지 않는 지식을 조금씩 잊는다. 브랜드도 마찬가지로 미디어 세분화의 영향으로 고객과의 접점을 찾지 못한 브랜드는 점차 잊힐지도 모른다.

그럼 어떻게 하면 이러한 변화 속에서도 효과적으로 정보를 전달할 수 있을까? 이때 주요 고객 접점을 가질 수 있는 SNS 활용법을 모색해야 한다. 더 잘 활용할 수 있도록 여기서부터는 잘 알려지지 않은 일곱 가지 사실을 소개하겠다.

SNS의 일곱 가지 사실 (1)
스몰 스트롱 타이

SNS는 사용자들이 어떤 관계로 이어져 있는지 파악해야 한다. 친구와 지인 등 친한 사람이나 소수가 이용하는 범위를 '프라이빗 그래프', 학교 친구나 동급생 등 가까운 사람이 이용하는 범위를 '소셜 그래프' 그리고 취미나 흥미, 관심으로 이어진 관계성을 '인터레스트 그래프'라고 부른다.

그러면 SNS는 실제로 어떤 관계성을 바탕으로 이용되고 있을까? 도표 3-3은 엑스 이용 사용자의 팔로워 수를 나타낸 그래프다.

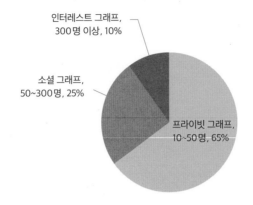

인터레스트 그래프,
300명 이상, 10%

소셜 그래프,
50~300명, 25%

프라이빗 그래프,
10~50명, 65%

출처 : 홋토링크 조사

엑스는 언뜻 보기에 흥미와 관심으로 이어진 인터레스트 그래프 계정이 많을 듯싶지만, 10~50명으로 이루어진 관계성을 기반으로 이용하는 사용자가 65%, 팔로워 수가 50명~300명인 사용자는 25%, 300명 이상인 사용자는 10%로 나타났다.

엑스 사용자의 90%가 300명 이하로 이루어진 관계성을 기반으로 이용하고 있다. 대부분이 지인이나 친구, 회사 동료나 고향 친구와 같은 친밀한 관계성프라이빗 그래프을 바탕으로 이용하고 있다. 동시에 프라이빗 그래프나 소셜 그래프로 이어진 사용자들은 대부분 서로 팔로우 & 팔로워 관계를 맺고 있기도 하다. 이러한 현실 관계에 가까운 밀접한 관계를 필자는 '스몰 스트롱 타이작고 강한 관계'라고 부른다.

SNS의 일곱 가지 사실 (2)
엑스는 지역을 넘나들지 않는다

엑스는 대부분 밀접한 관계를 바탕으로 이용하고 있음을 뒷받침하는 또 하나의 데이터를 소개하겠다. 도표 3-4는 엑스 사용자가 어떤 사람에게 멘션답글을 보냈는지를 'From To 분석[3]'이라는 방법으로 분석한 결과다. 지역 정보는 해당 계정의 프로필이나 게시물의 내용을 참고하였다.

예를 들어, 도쿄에 사는 사람들은 어떤 사람들과 멘션을 주고받을까? 1위는 도쿄, 2위는 사이타마, 3위 이하는 차례로 가나가와, 지바, 야마나시라는 결과가 나왔다. 기본적으로 인근 지역 사람들과 대화가 이루어지고 있음을 알 수 있다.

도표 3-4 엑스 계정의 From To 분석 결과

도쿄		홋카이도		오사카	
순위	지역	순위	지역	순위	지역
1위	도쿄	1위	홋카이도	1위	오사카
2위	사이타마	2위	아오모리	2위	나라
3위	가나가와	3위	아키타	3위	와카야마

3　From To 분석 : 엑스의 고도 검색 기능 중 하나인 'from 검색'과 'to 검색'의 데이터를 분석하는 방법이다. 'from 검색'이란 검색란에서 'from:사용자의 ID명'을 입력하여 특정 사용자가 올린 게시물로 범위를 지정하여 검색하는 기능이다. 'to 검색'은 검색란에서 'to:사용자의 ID명'을 입력하여 어느 특정 사용자를 대상으로 보낸 답글이나 멘션으로 범위를 좁혀 검색하는 기능을 말한다.

도쿄		홋카이도		오사카	
순위	지역	순위	지역	순위	지역
4위	지바	4위	미야기	4위	효고
5위	야마나시	5위	후쿠이	5위	교토

상호 멘션 네트워크를 From To 분석한 결과

출처 : 홋토링크 조사

그 외 지역을 예로 들면 홋카이도에서는 1위 홋카이도, 2위 아오모리, 3위 이하는 차례로 아키타, 미야기, 후쿠이. 오사카에서는 1위 오사카, 2위 나라, 3위 이하는 차례로 와카야마, 효고, 교토라는 결과가 나왔다. 기본적으로 SNS에서는 가까운 관계성을 가진 사람들 간에 대화가 이루어지고 있다. 전국 방방곡곡에서 큰 화제가 되었을 때도 처음에는 인근 지역 간의 대화에서 시작된 일이었다.

이 데이터를 보면 엑스는 물리적으로 가까운 거리에 사는 사람들이 서로 이어져 있다는 사실을 알 수 있다. 바꾸어 말하면, 엑스가 지역을 넘나드는 경우가 그다지 많지 않다는 의미다. 기본적으로 프라이빗 그래프나 소셜 그래프를 기반으로 이용하기 때문에 도쿄 사람들은 도쿄 인근 지역에 사는 사람들과 자주 만나 술자리를 갖는다. 멘션할 정도로 가까운 사이인 사람은 기본적으로 가까운 지역에 살고 있다. 이러한 관계성을 기반으로 하기에 확산 구조와 From To 분석, 멘션을 어떻게 주고받는지도 알 수 있다.

따라서 엑스에서 전국적인 화제가 되려면 전국 방방곡곡에 정보가 퍼지거나, 각지에서 사용 후기가 올라오는 상태가 되어야 한다는 사실을 도출할 수 있다.

SNS의 일곱 가지 사실 (3)
확산은 체인처럼 퍼진다

많은 사람이 널리 확산되거나 화제에 오르려면 인플루언서나 팔로워 수가 많은 연예인이 크게 한방을 터뜨려야 한다고 생각하지 않을까? 그러나 실제로는 정보가 체인처럼 연결되어 퍼져 나간 결과 화제에 오르는 일이 많다.

예를 들면, 3학년 A반 학생들이 나눈 대화가 B반으로, 그 옆의 C반으로 전달되고, C반의 축구부에 소속된 학생에게서 다른 학교의 축구부 학생이 소속된 3학년 N반으로 연결된다…… 이처럼 가까운 교우 관계에서부터 퍼져 나간다. 팔로워가 많은 사람이 시작점이 되어 화제를 모으기도 하지만, 일반적으로는 체인처럼 연결되어 퍼져 나간다. 그렇기에 팔로워가 30명밖에 없는 사람들이 올려도 정보 확산이 일어난다.

'확산'이라고 하면 팔로워 수가 많은 연예인이 올린 게시물이 단숨에 퍼지는 양상을 떠올릴 텐데, 실제로는 앞서 말한 30명의 팔로워로 이어지고, 또 그들의 팔로워로 이어지며 점차 확산된다.

좁은 관계성을 기반으로 단단한 연결고리를 타고 정보가 흘러간다. 그렇게 생각하면 팔로워 수가 많은 사람에게 게시물을 올리도록 의뢰하는 인플루언서 마케팅 접근 방법도 좋지만, 한편으로 팔로워 수가 30명밖에 되지 않아도 영향력이 있는 사람을 무시하기에는 아깝다.

도표 3-5 사람에게서 사람으로 전파되는 정보

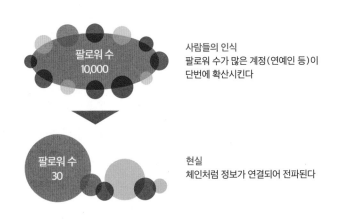

인간관계라는 체인을 연결한 후에 고품질 공식 콘텐츠나 좋은 UGCUser Generated Content : 사용자가 올린 콘텐츠=사용 후기 등이 올라오면 그 체인을 타고 정보가 흘러가는 구도를 만들 수 있다. 여기에는 확산 체인 만들기와 좋은 콘텐츠 만들기, 이 두 가지가 필요하다.

다시 말하면 '화제를 모으는 고속도로망을 구축한다'는 말이다.

공유하고 싶어지는 콘텐츠를 슈퍼카라고 한다면 전국 방방곡곡에 고속도로망처럼 달리기 쉬운^{확산되기 쉬운} 경로를 만드는 것이다.

확산이 체인을 타고 퍼진 사례를 소개하겠다. 나라현에 있는 '마루카쓰'라는 돈가스집 사례다[4].

당시 팔로워 수가 많지 않던 점주가 올린 글이 화제가 되었다.

2018년에 일어난 '헤이세이 30년 폭설'로 호쿠리쿠 지방에 폭설이 내렸다. 그러자 마루카쓰에서 다음과 같은 글을 올렸다[5].

후쿠이현 여러분! 폭설 때문에 힘드시겠지만, 부디 무사하시기를 바랍니다. 눈이 그치고 나라에 오실 일이 있으면 '후쿠이현 현민'임을 증명할 수 있는 것을 제시해 주시면 모든 메뉴를 반값으로 해 드리겠습니다! ※2018년_벚꽃이_피는_4월말까지 #후쿠이현_현민_할인

이 글이 공감을 불러일으켜 심야에 올렸는데도 화제가 되었다.

---

4 '돈가스집 마루카쓰 나라 본점·이코마점·텐리점'의 엑스 계정
https://twitter.com/marukatsunara
5 '돈가스집 마루카쓰 나라 본점·이코마점·텐리점'의 엑스 계정으로 2018년 2월 7일에 올린
글 https://twitter.com/marukatsunara/status/960924457501040641

새우 튀리에 튼
새우가 가격은
그대로 훨씬
커졌어요!

··· 팔로워

돈가스집 마루카쓰 나라 본점·이코마점·텐리점
@marukatsunara

돈가스집입니다!

◎ 나라현 나라시 고도노초 667-1   ⊘ marukatsu912.com
▢ 2018년 2월부터 엑스를 이용 중입니다

시간을 축으로 추이를 살펴보았는데, 처음에 글을 올린 시점은 오전 2시여서 시작 속도가 더딘 편이었다. 그러나 다음 날 아침부터 게시트윗 수와 재게시 수가 확 늘어나다가 심야가 되어 조금 진정되었지만, 2일째 이후에도 또 확산되면서 점점 퍼져 나갔다.

이후에도 더 분석해 보았는데, 역시 처음에는 가까운 지역에 사는 사람들 사이에서 재게시가 일어났다. 이때는 '후쿠이', '폭설'이라는 키워드로 검색하는 사람도 많아서 엑스에서 검색하면 이글이 검색되어 더욱 화제가 되었던 것으로 추정된다.

이를 보면 알 수 있듯이 반드시 팔로워 수가 많은 사람이 글을 올려야만 화제에 오르는 법은 없다. 재게시와 팔로우 & 팔로워 관계에서 체인처럼 화제가 이어지기도 한다.

이어서 다른 사례도 소개하겠다. 양과자 제조사인 샤토레제에서는 알레르기 프리 크리스마스 케이크를 판매하는데, '샤토레제의 알레르기 프리 케이크는 저렴한 데다가 온라인으로도 살 수 있어. 더 많이 알려지면 좋겠어!'라는 내용의 글이 2,000회 이상 재게시되며 화제가 된 적이 있다.

홈페이지에 기재되어 있던 알레르기가 있는 아이도 먹을 수 있는 케이크 상품 이미지를 보고 감동한 사람이 올린 글이었다. 글을 올린 시점에는 팔로워 수가 80명 정도밖에 되지 않았는데도, 전국적으로 입소문이 퍼졌다. 마찬가지로 알레르기가 있는 아이를 키우는 엄마들 계정과 어린 시절 케이크를 먹지 못했던 사람들 사이에서 순식간에 확산된 것이다.

SNS의 일곱 가지 사실 (4)
누가 진정한 인플루언서인가?

진정한 인플루언서란 어떤 사람일까? 즉 '어떤 계정에서 팔로우해 주면 좋겠나요?'라는 질문이다.

직감적으로 생각하면 팔로워가 만 명인 계정 ①이 자신의 계정을 팔로우해주면 좋을 것이다. 사람들 대부분이 그렇게 생각하지 않을까? 하지만 누가 '진정한 인플루언서'인가 하는 관점에서 보면 의문이 느껴진다.

계정 ①	300 팔로우, 10,000 팔로워, 3,000 게시
계정 ②	2,000 팔로우, 350 팔로워, 10,000 게시
계정 ③	30 팔로우, 50 팔로워, 50,000 게시

예를 들어, 인플루언서를 '당사의 브랜드 상품을 홍보해 주는 사람', '구매에 영향력을 미치는 사람'이라고 정의하여 생각해 보자.

도표 3-7을 자세히 살펴보면 계정 ①은 팔로우 수가 300명이다. 아마 팔로우하는 상대를 엄선하여 팔로우 수보다 팔로워 수가 압도적으로 많아 보이도록 하지 않았을까. 이런 사람은 기업 계정을 팔로우할 가능성이 작고 재게시하거나 소개해 주는 일도 적을 것이다.

계정 ②는 팔로우 수 2,000명, 팔로워 수 350명이다. 이런 경우에는 팔로우 수가 너무 많아서 타임라인에서 순식간에 밀려난다. 기업 계정을 팔로우해도 기업에서 올린 게시물을 못 보고 지나칠 가능성이 크다.

계정 ③은 그냥 봐서는 '영향력이 작은 게 아닐까?'라는 생각이 든다. 그런데 사실 이런 유형이 영향력이 있는 법이다.

일단 게시 수가 5만으로 꽤 많은 수준인데, 평상시에 간단히 재게시하거나 '이거 맛있다'와 같은 소감을 올리는 편이라고 예상할 수 있다. '이 집 맛있네.', '이 옷 귀엽다.' 이런 UGC를 많이 올릴 가능성이 있다. SNS상에서 수다스러운 사람이라고 생각하면 쉽게 이해되지 않을까.

또한 팔로우 수가 30명으로 적어서 팔로우한 기업 계정에서 올린 정보도 타임라인에 표시되어 눈에 띄기 쉽다.

그리고 팔로워 수를 보자. 앞서 언급했듯이 확산은 체인처럼 일어난다. 따라서 팔로워 수가 적은 것은 문제가 되지 않는다. 가령 50명이어도 그 50명의 팔로워에게 확산될 가능성이 있다.

따라서 계정 ③과 같이 '팔로우 수가 적고', '게시 수가 많은' 사람일수록 정보 확산에 기여하는 계정이자 진정한 인플루언서라고 할 수 있다.

SNS의 일곱 가지 사실 (5)
캠페인에 모여드는 팔로워는 '현상금 사냥꾼 계정'

팔로워 수를 KPIKey Performance Indicator : 핵심 성과 지표로 설정하고, 인사 평가와 연동하고 있는 기업도 많을 것이다. 이때 효율적으로 기업 계정에 팔로워를 모으는 방법의 하나로 현상금 캠페인이 있다.

현상금 캠페인이란, '이 계정을 팔로우하고, 이 글을 재게시해 준 사람 중에서 추첨을 통하여 ○분께 이 상품을 선물합니다!'와 같은 식으로 팔로우하는 조건으로 인센티브로서 특정한 선물을 주는 방법이다.

예전에 필자가 팔로워를 분석한 결과 현상금 캠페인을 통하여 팔로워를 모으던 어떤 기업 계정은 팔로워의 절반 이상이 현상금 사냥꾼 계정이었던 적도 있다.

현상금 사냥꾼 계정은 말 그대로 '현상금을 타기 위해서만 사용되는 계정'이며, 그 이외의 목적으로 운용되지 않는다. 평소에는 타임라인을 거의 보지 않는다. 당연히 UGC를 만들어내지도 않고, 현상금 목적 이외의 게시물에 대해 재게시도 하지 않으며, 다른 계정과 교류하지도 않는다. 기업이 현상금 캠페인이나 선물 캠페인을 남발하면 이런 계정들이 많이 모여든다. 설령 경쟁사보다 팔로워 수가 많은 상태라고 하더라도 모여 있는 팔로워의 질이 좋지 않다면 정보를 퍼뜨리는 능력 면에서는 뒤처져 있을지도 모른다.

그래도 팔로워 수의 절반은 평범한 일반 계정이라고 생각하면, 일반 소비재 등을 취급하는 기업에서 팔로워 모으기에 현상금 캠페인은 효과적인 기법일지도 모른다. 그러나 틈새 시장 상품일수록 계정의 팔로워 속성이 제각각이고, 그 결과 게시물이 추천으로 뜨지 않게 되는 단점도 있을 수 있다.

또, 판촉 캠페인을 진행하여 기업 계정의 게시글에 대한 참여도 수를 KPI로 설정하고 여기에만 매달려 목표를 쫓다 보면, '이 글에 마음에 들어요나 재게시를 하면 ○○를 선물하겠다'라는 인센티브를 붙이고 싶어진다. 그러나 여기에 참여하는 사람은 현상금 목적 계정뿐만 아니라 봇bot 등 살아 숨 쉬는 인간이 아닐 가능성도 크다.

얼마든지 조작할 수 있는 KPI, 예를 들어 참여도 수 등을 SNS 담당자의 평가지표로 삼으면, 이러한 효과가 희박한 방법에 의존하기 쉽다. 보여주기식 팔로워 수에만 쫓겨 '무한 반복 현상금 캠페인'을 벌일지도 모른다.

SNS의 일곱 가지 사실 (6)

화제의 입사각과 반사각은 같다

'화제는 일시적이다'라고 알려져 있다. 이는 데이터로도 증명할 수 있다. '불꽃놀이'의 UGC 수를 조사하면, 대체로 불꽃놀이 시즌인 7~8월에 분위기가 고조되고, 이후에 내려가는 파형이 그려진다도표 3-8.

도표 3-8 '불꽃놀이'의 UGC 수

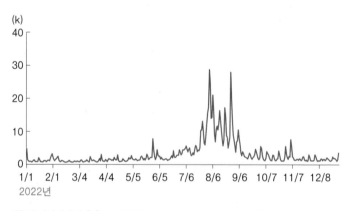

10% 샘플링 데이터에서 추출, 분석 기간 : 2022/1/1 ~ 2022/12/31, 워드 : '불꽃놀이'

출처 : 홋토링크 조사

또, '화이트데이'는 3월 14일까지 늘어나고, 3월 15일부터 급속히 내려간다. 불꽃놀이는 호를 그리며 내려가지만, 화이트데이는 훨씬 가파른 선을 그린다. 데이터를 보면 밸런타인데이와 화이트데이는 하나의 세트로 취급할 수 있는데, 화이트데이는 3월부터 조금씩 화제가 확산된다도표 3-9.

도표 3-9 '밸런타인데이'와 '화이트데이'의 UGC 수

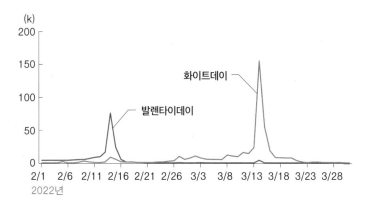

10% 샘플링 데이터에서 추출, 분석 기간 : 2022/2/1 ~ 2022/3/31, 워드 : '밸런타인데이', '화이트데이'

출처 : 홋토링크 조사

그리고 화이트데이 당일에 UGC 수가 최고점을 찍고, 3월 15일이 되는 순간 UGC 수가 급격히 줄어든다. 파형도 급속히 내려가는 선을 그린다.

다음으로 '크리스마스'를 살펴보자도표 3-10. 이 UGC 수의 파형도 화이트데이와 비슷하다. 12월 정도부터 확 늘어난다.

거리에 크리스마스 분위기가 물씬 나는 계절이기에 12월부터 점점 늘어난다. 24, 25일에 쑥 올라가지만, 27일 정도에 쭉 내려간다. 그때쯤이면 연말연시와 설날 분위기가 감돌기 때문이다.

도표 3-10 '크리스마스'의 UGC 수

도표 3-10 '크리스마스'의 UGC 수

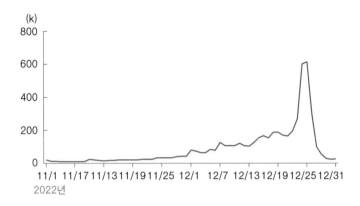

10% 샘플링 데이터에서 추출, 분석 기간 : 2022/11/1 ~ 2022/12/31, 워드 : '크리스마스'

출처 : 홋토링크 조사

'결혼 발표' 관련 UGC 수의 파형을 살펴보자^{도표 3-11}. 연예인의 결혼 발표와 같은 연예 뉴스는 쑥 올라갔다가 쭉 내려간다. 빠르게 퍼지다가 전부 돌고 나면 화제의 소재로서 전부 소비되었음을 알 수 있다.

도표 3-11 '결혼 발표'의 UGC 수

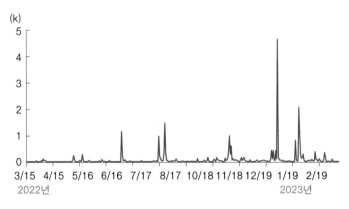

10% 샘플링 데이터에서 추출, 분석 기간 : 2022/3/15 ~ 2023/3/14, 워드 : '결혼 발표'

출처 : 홋토링크 조사

이처럼 기본적으로 화제의 입사각과 반사각이 같다. 'SNS에서 화제를 모아 홍보'하는 기법이 있는데, 화제는 일시적이어서 금세 원상태로 돌아오고 만다. '크리스마스', '화이트데이' 등 일부 키워드는 조금 일찍부터 서서히 올라가지만, 대체로 쭉쭉 올라가서 뚝 떨어지는 양상을 보인다.

한편 '마리토쬬^빵 사이에 생크림이 듬뿍 들어간 디저트' 도표 3-12는 대조적인 모습을 보인다. 2021년 봄 무렵부터 서서히 오르는 모습을 확인할 수 있다.

마리토쬬의 경우는 약 4~5개월에 걸쳐 서서히 올라가다가 정점을 찍은 후에는 서서히 내려오는 파형을 그린다.

도표 3-12 '마리토쬬'의 UGC 수

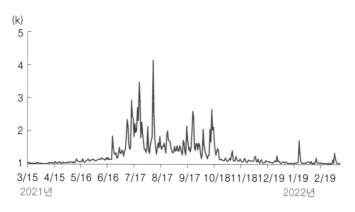

10% 샘플링 데이터에서 추출, 분석 기간 : 2021/3/15 ~ 2022/3/14, 워드 : '마리토쬬'

출처 : 홋토링크 조사

다시 한번 말하지만, 대부분 UGC 수는 입사각과 반사각이 같은 대칭을 이루는 파형을 그린다. 급격히 오르면 급격히 떨어지고, 완만하게 오르면 완만하게 내려간다.

필자들이 '스파이크형'이라고 부르는 급격히 올라갔다가 급격히 내려가는 UGC 수의 파형이 나타나면 일회성 인지에 그치므로 투자 대비 마케팅 효과가 낮아진다. 파형이 높이 올라가거나, 분위기가 고조되는 듯해도 금방 떨어지고 만다. 순간적인 풍속은 나와도 지속되지 않는다. 일회성 화제에 계속 의지하다 보면, '또 화제를 모아야 한다'라는 초조함에 휩싸일지도 모른다.

UGC 수의 파형이 계속 상승하는 '적층형' 마케팅을 진행하는 편이 중장기로 보았을 때 좋은 성과를 거둘 수 있다. 투자 대비 효과 측면에서도 추천한다. 기본적인 방법은 꾸준히 UGC를 창출하고, 계속 쌓아나가, 좋은 평판을 모아두는 것이다. 좋은 평판이 비축되어 있으면 우연히 브랜드를 접하고 관심이 생겨 SNS에서 검색해 본 사람이 그 평판을 보게 된다.

일회성 화제를 노리는 것이 아니라, UGC가 쌓여 가도록 세심하게 계획을 세우자. 계획을 세울 때는 '지금까지 UGC를 만든 적이 없던 사람이 만들도록 하려면 어떻게 해야 할까?'라고 생각하는 접근 방법으로 바꾸어야 한다. 한 번 UGC를 만든 사람에게 한 번 더, 다시 한 번 더 UGC를 만들도록 하려면 어떻게 해야 할까. 꾸준히 UGC를 늘리고, UGC의 재료가 되는 소재 수를 늘리는 등의 접근 방법을 취해야 한다.

소재는 금세 소비된다. 여러 가지 화젯거리를 만들어내서 UGC의 소재로 삼거나 UGC를 올리고 싶어지는 계기와 구실, 맥락[6]을 제공하여 계속해서 UGC를 늘려 가야 한다.

UGC를 늘려 가는 방법은 4장의 '법칙 2'에서 소개하겠다.

SNS의 일곱 가지 사실 (7)
보이지 않는 입소문 '다크 소셜'의 영향력

SNS 마케팅에서는 대부분 볼 수 있는 사용자를 제한하지 않는 '오픈 소셜'을 전제로 이야기한다. 엑스와 인스타그램의 타임라인, 공개 계정과 공개 블로그 등이 이에 해당한다. 한편, 다크 소셜[7]이라고 불리는 비공개 SNS 내에서도 DM이나 채팅을 통하여 입소문이 돌고, 확산되며, 구매 행동에 큰 영향을 미친다.

개인 간의 대화는 이메일에서 메신저 앱카카오톡이나 라인 등으로 옮겨갔다. 요즘 젊은 세대는 메신저 앱 뿐만 아니라 인스타그램이

---

6 **맥락** : 이 책에서는 UGC가 만들어질 만한 소비자가 처한 상황이나 국면을 맥락이라고 부른다.

7 **다크 소셜** : 외부에서 접속하거나 대화 내용의 데이터를 취득할 수 없는 등 정보가 외부에 공개되지 않는 한정적인 SNS를 가리킨다. 엑스나 인스타그램의 DM, 비공개 계정, 라인이나 슬랙과 같은 사내 채팅 툴 등이 이에 해당한다.

나 엑스의 DM다이렉트 메일 기능도 활용한다.

친구들과 DM으로 '여기 음식점과 카페가 좋아 보이니 같이 가자.', '이 옷 잘 어울릴까?' 이런 대화를 나눈 다음 행동으로 옮긴 적이 없는가? <mark>그것이 바로 보이지 않는 입소문인 다크 소셜의 영향력이다.</mark>

사람들의 입소문을 직접 확인할 수 있고 데이터 분석도 쉬운 오픈 소셜 이외에도 보이지 않는 다크 소셜에서 소비자 간에 어떠한 영향을 주고 있는지에 대한 통찰도 중요하다. 마케터는 '메신저 앱에서 어떤 이야기가 오갈까?'를 상상할 수 있어야 한다. 메신저 앱에서 '이 집 맛있더라. 다음에 같이 가자.', '○○에서 저번에 사고 싶다고 했던 재킷을 할인하더라, 사둘까?' 등 브랜드에 관하여 어떤 대화가 오가는지에 대한 통찰이 중요해진다.

필자는 SNS의 폐쇄적인 사용법의 실태를 파악하고자 2021년에 다크 소셜이 구매에 미치는 영향에 관하여 조사했다. 그 결과 다음과 같은 사실이 밝혀졌다[8].

- DM 이용률 : 엑스는 약 32%, 인스타그램은 28%.

---

8 홋토링크소켄이 설명하는 비공개 SNS 이용과 구매에 미치는 영향에 관한 조사 결과(홋토링크 HP 공개일 : 2021년 7월 8일)

- DM을 보내는 상대 : 엑스에서는 같은 취미를 가진 지인, 인스타그램에서는 학교에서 친하게 지내는 친구에게 많이 보내는 경향을 보였다.

- DM을 이용하는 인스타그램 사용자의 약 54%가 DM을 계기로 소비자 행동을 일으킨 적이 있다.

다음은 본 조사 결과를 본 전문가들의 코멘트이니 참고하길 바란다.

[미루니상씨 (엑스 ID : (@milnii_san)]

엑스나 인스타그램의 DM 그룹의 움직임은 간과할 수 없다. 어느 SNS에서나 게시물을 공유하기 쉬운 시스템이 갖추어져 있으므로 친구에게 권하는 행동이 일어나기 쉽다. 엑스라면 마음에 들어요나 재게시보다 친구나 지인에게 DM으로 공유하는 행동이 더 구매 행동에 가깝다. 브랜드 입장에서 보면 임프레션[9]보다 그 게시물을 본 사람들이 얼마나 추천하거나 저장했는가? 그것을 봐야 하는 형태로 옮겨 갈지도 모른다.

---

9 임프레션 : 광고가 사용자에게 몇 번 노출되었는지를 측정하는 지표. 광고의 표시 횟수. 여기서는 엑스나 인스타그램 등 SNS에 올린 자사의 게시물이나 SNS 광고의 표시 횟수를 가리킨다.

[미카와나쓰요 씨 (엑스ID : (@nach33)]
DM이 구매 행동에 어떤 영향을 미치고 있는 것은 분명하며, 특히 인스타그램은 공개적인 장소(스토리나 피드 게시물)에서 비공개 장소(DM)로 대화가 이동하는 경향을 보인다. 이를 감안하면, 앞으로는 공개된 장소에서 오가는 입소문뿐만 아니라, 그 너머에 있는 다크 소셜의 움직임을 읽을 수 있는 지표(저장 수 등)에도 주목할 필요가 있지 않을까.

[료카치 씨 (엑스ID : (@ryokachii)]
방대한 정보가 오가는 지금, 우리는 알고리즘이나 다른 사람의 추천을 애용해 왔습니다. 인플루언서가 추천하면 인기가 많아지는 것은 신뢰하기 때문이죠. 그리고 우리가 더욱 믿는 존재가 "가까운 친구"입니다. 더욱 확실한 친구에 의한 추천 행동은 다크 소셜 내에서 이루어집니다. 친구 사이가 아니면 공유할 수 없는 정보가 있을지도 모릅니다. 눈에는 보이지 않지만 강렬한 소비자 행동에 주목하면, 소비자를 더욱 깊이 이해할 수 있을 것입니다.

이 조사를 통하여 다크 소셜의 영향도가 정량화됨으로써 SNS 상에서의 DM의 영향력에 대해 새롭게 인식한 사람도 있을 것이다. 보이지 않는 곳에서도 입소문은 퍼진다. 이를 의식하느냐 마느냐에 따라 마케팅의 성과는 달라진다. 1 대 n으로 정보를 전파해야만 한다는 생각에서 벗어나 소비자 간의 N 대 n 정보 전파가 이루어질 가능성도 잊지 말자.

SNS 활용 포인트 'UGC'란 무엇인가?

외부 환경의 변화와 일곱 가지 데이터를 소개했다. 지금 같은 SNS 시대에서 정보를 전파하는 데 열쇠를 쥐는 것이 'N 대 n' 관점에서 미디어를 최대한으로 활용한다는 사고방식과 UGC사용 후기다. 특별히 SNS상에 올리는 글만 이야기하는 것은 아니다.

같은 UGC라도 SNS상의 UGC는 사용 후기 사이트상의 UGC 이상으로 강한 힘을 발휘한다. SNS에는 '공유'나 '재게시'라는 확산 시스템이 있기 때문이다. 더욱이 최근에는 다양한 미디어에서 다양한 용도로 UGC를 활용하는 일이 늘었다. UGC의 용도는 크게 세 가지로 나눌 수 있겠다.

- 사용 후기에 의한 전달
- 상품에 대한 리뷰
- 자연스러운 광고 소재

도표 3-13 UGC 유형

상품 후기에 의한 전달 정보 전달 : ○ 메시지 전달력 : ○	상품에 대한 리뷰 정보 전달 : × 메시지 전달력 : ○	자연스러운 광고 소재 정보 전달 : × 메시지 전달력 : ○

'사용 후기에 의한 전달'이란 즉 정보 전파를 말한다. '상품에 대한 리뷰'란 '타베로그일본의 맛집 리뷰 & 점수 사이트'나 '아마존' 등에 올라오는 상품에 대한 리뷰를 가리킨다. 해당 상품에 대한 리뷰는 해당 상품 페이지를 방문했을 때만 볼 수 있으며, 리뷰 자체에 정보를 전파하는 힘은 없다. '자연스러운 광고 소재'란 광고 느낌이 나지 않는 자연스러운 상품 사진 등을 말한다. EC 사이트의 상품 페이지나 광고를 내보낼 때 광고 소재로 이용되며, 리뷰와 마찬가지로 그 자체에 정보를 전파하는 힘은 없다.

정보가 넘쳐나는 가운데 점차 '누가' 말한 정보인지가 정보 제공시의 중요한 요소로 자리 잡고 있다. UGC에는 정보가 폭발적으로 증가하는 현대에서 발휘할 수 있는 큰 강점이 있다. 바로 '눈에 띈다'는 점이다.

STAFF START주식회사 바니시 스탠다드가 발표한 '상품을 구매할까 망설여질 때' 취하는 행동에 관한 설문 조사[10]에 따르면, '상품을 구매할까 망설여질 때 가장 참고로 하는 사람' 1위가 '가족이나 친구'다. 이는 UGC가 미치는 영향력의 크기를 나타내는 하나의 데이터라고 할 수 있겠다.

---

10 상품을 구매할까 망설여질 때' 취하는 행동에 관한 설문 조사(주식회사 바니시 스탠다드 HP 공개일 : 2023년 1월 11일)
https://www.v-standard.com/news/230111/

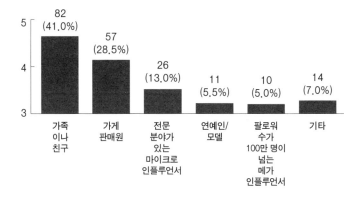

출처 : 바니시 스탠다드 '메가 인플루언서가 최하위! 구매에 참고하는 사람, 2위는 "가게 판매원". 1위는 "가족·친구", "동경하는 사람"보다 "신뢰할 수 있는 가까운 사람"에게서 사는 시대로' https://www.v-standard.com/news/230111/

정보가 폭발적으로 증가하며 아무리 정보가 전달되기 어려운 시대가 되었다고 해도 가족이나 친구, 지인의 말은 소비자에게 와 닿는다. 즉 '친한 사람의 정보는 신뢰한다'는 말이다. 혹은 기업이 올리는 정보보다 '친구나 지인의 사용 후기를 더 신뢰할 수 있다' 라고 생각하는 사람이 많다는 뜻이다.

UGC에 맡긴다는 생각

SNS와 디지털 플랫폼 마케팅에서는 UGC 활용이 점점 더 중요해지고 있다.

왜 UGC가 중요해졌는가 하면 미디어가 다양해졌기 때문이다. 한 사람이 동시에 엑스, 인스타그램, 페이스북, 메신저 앱카카오톡이나 라인 등, 틱톡의 계정을 가지고 있는 일도 흔하다.

게시물을 올리는 형식도 내용도 전부 다른 서비스다. 틱톡에서는 짧은 동영상, 인스타그램에서는 사진 위주로 올린다. 엑스의 DM이나 메신저 앱은 기본적으로 텍스트 위주로 이용한다.

한 기업이 모든 플랫폼에서 계정을 운용하기란 현실적으로 어렵다. 예산이 넉넉하다면 별개지만 회사 대부분은 그렇지 않을 것이다. 각종 플랫폼에 맞추어 게시물을 작성하고 올리면서 운용하는 데는 상당한 자원이 필요하다.

여기서 제안 하나 하겠다. UGC에 맡겨 버리면 어떻겠는가? UGC에 맡긴다는 것은 자사에서 계정을 운용하며 열심히 정보를 올리고 전달하지 않고, 사용자가 올린 UGC를 중시하는 사고방식이다. 앞서 이야기했듯이 사용자는 보통 여러 SNS와 디지털 플랫폼을 이용한다. 10대 사용자는 틱톡과 인스타그램, 엑스를 함께 이용하며, 50~60대에서도 메신저 앱과 페이스북을 동시에 이용한다.

사용자가 UGC를 올리는 행동은 다양한 곳에서 이루어진다.

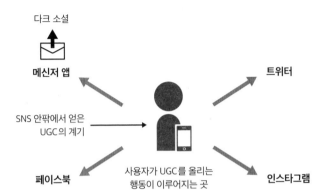

다크 소셜

메신저 앱

트위터

SNS 안팎에서 얻은
UGC의 계기

페이스북

사용자가 UGC를 올리는
행동이 이루어지는 곳

인스타그램

인스타그램에서 알게 된 정보를 메신저 앱에서 친구들과 공유하고 '이 카페에 같이 가자.'라는 대화를 하거나, 틱톡에서 알게 된 정보를 엑스에 올릴 수도 있다. 엑스에서 화제가 된 것이 인스타그램으로 퍼지기도 한다. 특히 엑스를 기점으로 하여 SNS를 초월하여 확산되는 일이 많다.

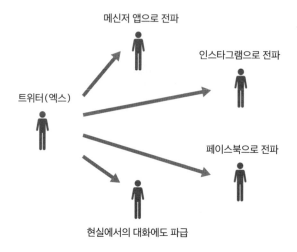

다른 SNS와 함께 이용하는 사용자가 일정 수 있어서 엑스를 초월하여
화제가 퍼져 나가기 쉽다.

메신저 앱으로 전파

인스타그램으로 전파

트위터(엑스)

페이스북으로 전파

현실에서의 대화에도 파급

세분화된 커뮤니티 클러스터에 정보를 퍼뜨리려면 'UGC를 만들고 자발적으로 올리도록 하는' 접근법이 중요하다.

SNS 시대의 브랜드 구축에는 ULSSAS

브랜드를 구축하는 데 큰 역할을 하는 것이 'ULSSAS울사스'라는 개념이다. ULSSAS란 홋토링크가 제창하는 SNS 시대의 새로운 구매 행동 모델이다.

AIDMA아이드마나 AISAS아이사스라는 말을 들어본 사람도 많지 않을까. 이러한 개념은 역삼각형과 같은 형태의 세일즈 퍼널로 나타낸다. 한편, ULSSAS는 플라이휠관성 바퀴 형태를 띠고 있는 것이 특징이다도표 3-17.

도표 3-17 퍼널형과 플라이휠형

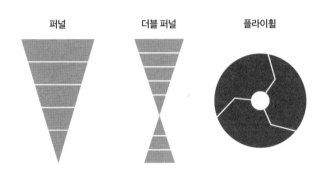

ULSSAS 구매 프로세스의 특징은 UGC사용 후기가 기점이 된다는 점이다도표 3-18. 정보가 폭발적으로 늘어난 시대에는 자발적으로 올린 UGC가 큰 힘을 가진다고 이야기했다. 이는 개인이 각자의 미디어를 가지고 있는 퍼스널 미디어 사고방식을 기반으로 한다.

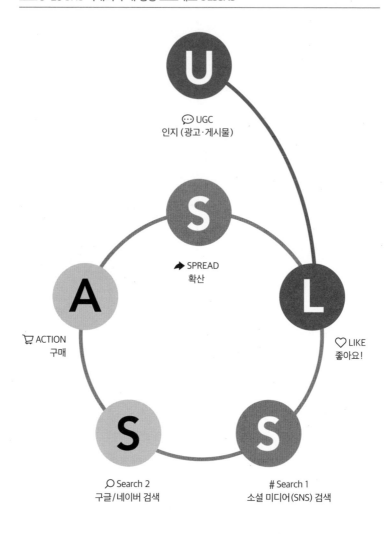

UGC의 다음 단계가 Like^{좋아요!}다. 친구의 SNS 글을 본 사람이 공감해서 '좋아요!'나 '재게시'를 한다. 그리고 '좋아요!'를 누른 사람 중에는 상품에 관심이 생겨서 검색해 보는 사람도 있다.

다음으로 오는 Search가 소셜 미디어SNS 검색과 구글이나 네이버 등 검색 엔진에서의 검색, 두 가지로 나누어져 있는 점이 핵심이다. SNS를 능숙하게 다루는 사람에게는 이미 당연한 일이지만, SNS에서 검색하는 사용자가 계속 증가하는 추세다. 여행이나 화장품, 이벤트 등 상품이나 서비스를 구매하기 전에 개인의 솔직한 후기나 평판을 조사하는 것이 일반적인 일이 되었다. 구글 검색 전에 SNS 검색부터 하게 되었다. 구매에 가까운 고객 접점으로서도 SNS 검색이 점점 중요해지고 있음을 알 수 있다.

SNS 검색 후 구글이나 네이버에서 더 자세한 정보를 확인한다. 이게 Search 2 단계다. 비유하자면, SNS 검색은 솔직한 후기를 엿보는 곳이고, 구글 검색은 선생님에게 질문하는 곳이라고 할 수 있다.

예를 들어, 친구가 올린 듬뿍 얹어진 게 맛있어 보이는 성게 사진을 보고 '좋아요!'를 눌렀다고 하자. 그런 다음에는 그 친구가 단 해시태그나 위치정보를 보고 가게명을 알아내고, 예약하거나 이용 후기를 찾아보고자 드디어 구글이나 네이버에서 검색하는 행동 패턴을 보인다. 자신의 행동을 돌이켜보면 똑같이 행동한 적이 있지 않을까?

그러다 검색한 사용자 중 몇 명이 상품을 사면 이것이 바로

Action구매이다. 구매한 사람들이 '이 상품을 써보니 좋았어!'라고 Spread확산하면 새로운 UGC가 또 만들어진다. 그 UGC로 또 '좋아요!'를 받으면서 ULSSAS 사이클이 알아서 돌아간다.

덧붙여 마지막 S는 Share쉐어가 아니라 Spread확산다. 최근에는 점차 '어서 와서 보세요' 식으로 정보를 제공하기보다는 처음부터 확산되기를 바라는 '승인 욕구를 담은 게시물'을 올리는 경향을 보이기 때문이다. 이 또한 최근 사용자 행동의 특징으로 꼽을 수 있다.

[ULSSAS의 예]

U : UGC(사용자가 올린 콘텐츠)
신상품을 발매하자 사용자가 사진이 첨부된 게시물을 올린다.

L : Like (좋아요!)
UGC를 본 사용자가 게시물에 좋아요나 재게시를 한다. 게다가 SNS의 특성상 보통 '좋아요!'를 받아 참여도가 높아지면 다른 사람에게 확산되거나 추천에 떠서 더 많은 사람에게 노출되고 흥미와 관심이 전파되기 쉬워진다.

S : Search 1 (SNS 검색)
좋아요를 받은 UGC를 본 사용자가 상품에 관심이 생긴다. SNS상에서 검색하여 정보를 수집한다.

S : Search 2 (구글/네이버 검색)

상품을 살 수 있는 가장 가까운 매장을 알아보려고 검색 엔진에서 검색한다.

A : Action (구매)
매장을 방문하여 상품을 구매한다.

S : Spread (확산)
상품의 사진을 찍어 SNS에 올린다. 그 게시물(UGC)에 또 '좋아요!'가 달리고 ULSSAS의 사이클이 돌기 시작한다.

그 밖에도 다른 구매 행동의 프레임워크가 존재하는데, 대부분 Attention을 기점으로 하는 듯하다. 여기서 광고 홍보비를 충분히 쓸 수 있는 기업은 차치하고, 마케팅 예산이 넉넉하지 않은 기업은 적은 투자로 인지를 얻어야 한다. 그러한 상황에 적합한 모델이 ULSSAS다.

만약에 ULSSAS의 순환을 자유자재로 만들 수 있다면 투자 대비 효과가 높은 마케팅 수단이 될 것이다. 가장 큰 이유는 'UGC는 원칙적으로 무료'이기 때문이다. UGC는 사용자가 자유롭게 만든 게시물로, 기업에서 '이런 부분을 강조해 주세요.'라고 부탁하지 않았기에 콘텐츠 제작비나 광고비가 들지 않는다.

비용이 들지 않는 UGC를 적극적으로 늘린다. 그럼으로써 새로운 고객에게 자사 브랜드와 자사 상품의 선전을 맡길 수 있다.

UGC가 늘어나면서 점점 더 많은 사람에게 홍보해 준다.

　그러한 구조가 바로 ULSSAS라는 구매 행동 프로세스의 개념
이다.

ULSSAS가
초래하는 임팩트

ULSSAS는 어떤 임팩트를 줄까

ULSSAS가 돌아가는 것을 의식하여 마케팅 체제를 구축하면 비즈니스 측면에서 어떠한 이점이 있을까?

UGC가 많이 생긴다는 말은 사용자가 많은 게시물을 올린다는 뜻으로 Attention인지에 기여한다. SNS에서 정보가 널리 확산되어 이른바 '화제에 오르는' 상태가 되면 'SNS에서 화제를 모으고 있다'라는 보도 가치가 생겨 웹 뉴스 등에서 소개하게 된다.

'SNS에서 화제'라는 것은 미디어 입장에서도 '페이지 뷰를 늘리기 쉽다'라고 인식하게 된다. 즉, SNS에서 PR로 이어진다.

UGC가 다수 생기면 관성 바퀴처럼 다른 사용자도 게시물을 올리기 쉬운 상황이 된다. 이런 상황이 되면 기업에서 열심히 글을 작성할 필요가 없어진다. 결과적으로 콘텐츠 제작비를 줄일 수 있고 광고비를 계속 들이지 않아도 된다.

기업에서 SNS를 활용하여 마케팅을 진행하면 비용 대비 효과가 있을까 우려될 수도 있다. UGC가 늘어난다고 해서 실제로 구매 수가 증가했는지, 매출로 직결되고 있는지 등을 파악하기 어려울 것이다.

필자들이 조사한 바로는 UGC 수와 매출에 상관관계가 있다는 사실을 데이터로 증명할 수 있다. 데이터만 보아도 UGC가 대량으로 만들어지면 매출에 기여한다는 것을 확인할 수 있다. UGC가 브랜드명으로 검색하는 횟수에 영향을 준다는 사실을 모르는 사람이 아직도 많은 듯하다.

다만 TV에서 소개되거나 하면 UGC와 검색 행동 모두에 영향을 주기도 하므로 데이터 파형의 차이를 판별해야 한다는 점은 유의하자.

1	정보가 확산된다	Attention에 기여
2	사용 후기 수가 늘어난다	
3	웹 뉴스에서 소개된다	
4	UGC가 발생한다	사용자가 올려 신뢰도가 높은 콘텐츠를 양산할 수 있다 (행동 전환되기 쉽다)
5	광고를 활용하지 않아도 타깃에게 정보를 전달할 수 있다	

전환이나 매출로 이어지는 ROI(투자수익률)를 개선할 수 있다

어느 헤어케어 제품 제조사의 사례를 소개하겠다도표 3-20. UGC 수가 늘어나면 검색 수가 늘어난다. 여기서 검색이란 '브랜드명 검색'을 말한다.

SNS에서 친구가 책을 소개하는 글을 보고 궁금해서 나중에 책 제목으로 검색한 적이 없는가? 그것이 바로 브랜드명 검색이다. 그리고 브랜드명 검색이 늘어나면 매출이 늘어난다.

브랜드명 검색은 일반 검색에 비해 10배 이상 CVR구매율이 높다고 한다. 야후 주식회사의 조사[11]에서도 야후의 검색 데이터를

---

11 야후! 마케팅 솔루션 공개일 : 2021년 10월 7일
    https://marketing.yahoo.co.jp/blog/post/2021100730187128.html

분석한 결과 '브랜드명 키워드'로 검색하기 시작한 사용자 그룹의
CVR은 '일반 키워드'로 검색하기 시작한 사용자 그룹에 비해 열
두 배나 높게 나왔다고 한다.

도표 3-20 UGC와 매출의 상관관계

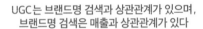

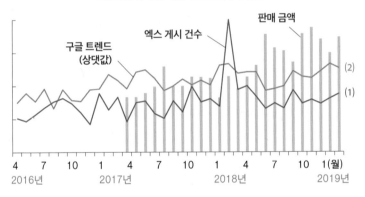

도표 3-20에서 (1)번 그래프가 UGC 수를 나타낸다. (2)번 그래
프가 브랜드명 검색 수다. 막대그래프는 판매 금액을 나타낸다.

이처럼 'UGC와 브랜드명 검색 수', '브랜드명 검색 수와 매출'
에 상관관계가 있음을 알 수 있다.

이는 UGC의 '신뢰성이 높고, 구매 의욕 및 태도 변화로 이어
지기 쉽다'라는 특성에 의한 것이다. 흥미를 느끼고 검색하고, 검
색했기에 '매장에 방문한다', 'EC를 이용하여 구매한다'는 행동이
생겨난다. 즉, SNS 마케팅의 열쇠는 UGC다.

따라서 SNS에서 상품 인지와 흥미, 관심이 높아지고 브랜드명 검색 수가 늘어나면 CVR이 높은 유입이 늘어나 매출 및 구매로 이어진다. ULSSAS가 돌기 시작하면 UGC가 만들어지고 브랜드명 검색이 늘어나 매출이 올라가는 구도가 형성된다.

따라서 '어떻게 자사 계정에서 올린 게시물에 화제를 모으는가'보다도 '어떻게 UGC에 화제를 모으는가'가 더 중요하다.

SNS에서 좋은 성과를 거두기 어려운 사람의 사고방식

SNS를 활용한 마케팅을 어떻게 평가해야 할지 고민인 사람도 많지 않을까.

흔히 하는 실수가 '직접 구매만을 가지고 SNS의 기여도를 평가하는' 경우다. SNS를 통해 사이트로 유입되어 그대로 직접 구매로 이어졌는지 아닌지만으로 SNS 마케팅의 성공 여부를 평가하고는 한다. 그리고 해당 SNS 마케팅 들인 비용에서 CPA[12]를 산출하여 다른 마케팅과의 성공 여부를 비교한다. 그렇게 평가하면 '리스팅 광고에 비해 CPA가 너무 비싸서 비용 대비 효과가 나쁘니 SNS 마케팅은 그만두자.'라는 안이한 의사 결정으로도 이어

12　CPA : Cost Per Action의 약자. 광고 효과를 측정하는 지표 중 하나로, 한 건의 CV(전환)를 얻기 위해 든 비용을 나타낸다. CV란 자료 청구나 상품 구매, 회원 가입 등 마케팅의 성과 지점을 나타내며, CPA는 Cost(광고비)÷CV로 도출할 수 있다.

질 수 있다.

어디가 잘못되었는지 차례로 살펴보자. 예를 들어, EC 사이트의 매출 증가를 위한 인수분해를 한다고 하면, 이러한 모델을 생각할 수 있을 것이다.

- EC 매출 = 고객 수 × 고객 단가
- 고객 = 신규 고객 + 기존 고객
- 신규 고객 = 사이트 유입 수 × CVR
- 사이트 유입 수 = SEO 경유 유입 + 광고 경유 유입 + SNS 경유 유입…… 등

여기서 KPI를 생각하면 '매출을 늘리려면 신규 사이트 유입 수를 늘려야 한다'는 생각에서 'SNS 경유 유입 수를 늘려야겠다'는 결론에 이르는 사람도 많을 것이다.

- 자사 계정의 게시물이 얼마나 임프레션(표시)되었는가
- 자사 계정의 게시물이 얼마나 저장되었는가
- 자사 계정의 팔로워가 얼마나 늘었는가
- 자사 계정에서 웹사이트로 얼마나 유도되었는가

이처럼 대부분 '자사 계정에서 올린 정보가 얼마나 전달되었는가'라는 1 대 n 방식으로 생각한 지표들이 아닐까?

물론 이러한 지표가 중요한 요소임은 틀림없다. 그러나 핵심은 N 대 n의 정보 전파라고 설명했었다.

디지털 마케팅에서는 다양한 지표가 분명하게 드러난다. 리스팅 광고나 SEO, 메일 매거진 등 사이트를 방문하기 직전에 거친 경로마지막 클릭는 알아보면 바로 알 수 있다. 다만, SNS는 마지막 클릭만 봐서는 그 진가를 평가할 수 없다.

흔히 이런 경로로 들어오면 착각하게 된다.

고객이 기업 계정에서 엑스에 올린 게시물을 본다 → 게시물에 첨부된 링크를 클릭한다 → EC 사이트에서 상품 페이지로 넘어간다 → 장바구니에 넣어 구매한다

업무상 SNS를 접하다 보면 사람들이 이러한 행동 패턴을 거쳐 구매하는 일이 많다고 착각하기 쉽다.

일단 멈춰 서서 '평소에 자신이 그렇게 구매하는지' 생각해 보라. 실제로는 이렇게 하지 않을까.

지인이 어느 브랜드의 신제품 운동화 출시 정보를 올린 것을 보았다(인지하다) → 그 게시물에 첨부된 링크를 클릭하여 EC 사이트에서 어떤 사이즈와 컬러가 있는지 상품 페이지를 자세히 본다 → 실제로 신었을 때 사이즈가 어

떤지 확인하고 싶어서 바로 구매하지 않고 나중에 매장을 방문한다 → 매장에서 실제로 신어 본다 → 그 자리에서는 결단을 내리지 못하고, 구매를 보류한다 → 계속 눈앞에 아른거려서 인스타그램에서 그 상품 관련 게시물이나 코디 방법 등을 찾아보고 드디어 살 결심을 한다 → 구글이나 네이버에서 브랜드명으로 검색한다 → EC 사이트에서 구매한다

이와 같은 구매 행동도 가능하지 않을까? 구매 경로는 복잡해지고 있다. 게다가 이때 구매 직전에 구글에서 브랜드명으로 검색을 했다. 만약 마지막 클릭을 기준으로 평가하면 SEO를 통한 전환이므로, 브랜드명으로 검색하면 EC 사이트가 상위에 표시되도록 관리한 SEO 마케팅의 성과라고 착각하기 쉽다. 만약 검색 후에 리스팅 광고를 클릭했다면, '이 구매 활동은 리스팅 광고 덕분이지'라고 생각하기 쉽지만, 사실 고객은 SNS를 통하여 처음으로 관심을 가졌기 때문에 검색하고 마지막에 구매로까지 이어진 셈이다.

다시 한번 말하지만, SNS에 의한 성과는 마지막 클릭 숫자만으로는 올바르게 평가할 수 없다. 필자는 이를 '마지막 클릭 편중'의 사고방식이라고 부른다.

축구에 비유하면 슛을 넣은 사람 전에는 절묘한 패스를 보낸 선수, 더 거슬러 올라가면 상대 팀으로부터 공을 빼앗아 공격으로 연결한 선수가 있다는 이야기다. 그런 선수들도 좋은 평가를 받지

않는가?

    SEO나 리스팅 광고를 평가할 때 마지막 클릭을 중시하는 것은 일반적으로 KPI를 설정하는 방식인 듯하다. 그러나 SNS에 마케팅에 단일 채널별 CPA로 평가하는 부분 최적화 방식을 적용하면, 실제 고객이 검색하고 구매한 행동을 무시한 채 제대로 된 성과를 평가하지 못할 수도 있다. 고객이 실제로 어느 채널이나 접점에서 자사 상품이나 서비스를 접했는지 전체를 내려다보는 관점에서 봐야 한다.

    SNS를 활용한 브랜딩 효과는 리스팅 광고나 SEO 등과 같은 잣대로 보면 안 된다. 디지털 마케팅은 이러한 광고와 SEO 기법 등으로부터 시작되어 보급되었기에 CPA나 마지막 클릭과 같은 지표로 평가하고는 한다. 그 외에도 브랜드 리프트의 성과예를 들면, 인지도, 검색 수, 구매 의향 등도 살펴보면 좋다.

    무엇보다 마지막 클릭 이외의 성과는 확인하기 어려운 부분도 있다. 이때 사용할 수 있는 간단한 지표가 검색 수[13]다. 구글에서 이루어진 검색 수라면 구글 트렌드나 구글 서치 콘솔이라는 툴로 확인할 수 있다.

---

13 검색 수 : 검색 엔진에서 브랜드명이나 상품, 서비스명 등 고유명사를 입력하여 검색하는 검색 행동 횟수를 가리킨다.

이제는 'SNS로 인지하고 관심이 생겨 검색하는' 행동을 볼 수 있다. 설문 조사를 기반으로 한 브랜드 리프트 조사 등도 활용하면 더욱 정확하게 SNS의 활용 성과를 확인할 수 있다. '이 게시물을 보고 흥미를 느꼈다.' 이처럼 게시물을 본 사람과 보지 않은 사람으로 나누면 더 정확하게 평가할 수 있다.

엑스에 새로운 기능이 추가되면서 각 게시물의 표시 횟수를 볼 수 있게 되었지만, '게시물을 본 사람과 보지 않은 사람'을 구별하려면 조사회사에 의뢰하여 모니터 선정 작업 등을 해야 한다.

이처럼 SNS를 경유하여 직접 구매로 이어진 사례가 전부는 아닌데도 마지막 클릭만 보고 모든 마케팅 수단을 평가해 버리는 일이 많다. 이에 관해서는 4장에서 다시 한번 다루겠다.

경영자, 마케팅 책임자, 부서장들은 다시 한번 '마지막 클릭에 편중된 평가 방법을 따르고 있지는 않은가?' 확인해 보자.

ULSSAS
구축 방법

ULSSAS가 돌아가는 상황을 만들려면

ULSSAS가 돌아가는 상황을 만들려면 UGC를 늘리는 것이 답이다. 이때 해야 할 일은 기점이 되는 UGC를 만들고 효과적으로 퍼뜨리는 것이다.

덧붙여 말하면, 우선 많은 UGC가 만들어지도록 '공유되는 경영'에 유의해야 한다. 바꾸어 말하면, 어떻게 SNS를 이용하는 사용자들의 퍼스널 미디어에서 다루도록 유도할지, 어떻게 퍼뜨리도록 할지를 생각해야 한다는 뜻이다.

SNS상에서뿐만 아니라 UGC를 만들기 쉽도록 상품 패키지를 고안할 수도 있다. UGC가 만들어지기 쉬운 패키지 디자인, 매장에서의 대응, 배송, 매장 디자인 등도 생각해 보자.

SNS상에서라면, 예를 들어 엑스를 이용한다면 사용자에게 "당신은 어느 쪽에 해당하나요?"하고 답글을 유도하는 빙고 기획, 버튼만 누르면 간단하게 해시태그 게시물을 올리도록 유도할 수 있는 컨버세이션 버튼Conversation Buttons을 이용한 게시물, 해시태그로 주제를 제시하고 게시글을 올리도록 호소하는 해시태그 캠페인 등 다양한 전술을 펼칠 수 있다. 그 밖에도 How To 게시물, 모멘트와 트렌드에 따른 게시물을 올리는 등 다양한 기법을 활용할 수 있다.

How To 게시물이란, 화장품을 예를 들면 '아이섀도 사용법', '셀프 네일 아트'와 같은 게시물을 말한다. 이러한 How To 정보를 올림으로써 '나도 써 봤다.', '이런 식으로도 사용한다.'와 같은 UGC를 만들 수 있는 계기가 되기를 기대할 수 있다.

모멘트나 트렌드에 따른 게시물이란, 화장품을 예를 들면 코로나 시대에 활용할 수 있는 컬러 마스크에 관한 게시물이 이에 해당한다. 트렌드에 편승하면 그때그때 흥미와 관심이 많은 주제를 다루는 셈이므로 다루기 좋은 주제라고 할 수 있다.

그 밖에도 분석 툴을 사용하여 '자주 언급되는 관련어'를 이용하거나 트렌드 단어를 찾아 그에 관한 게시물을 올리는 등 UGC

의 계기가 될 만한 캠페인을 종종 진행한다. 자연적으로 만들어지는 UGC를 얻기 어렵다면, 해시태그를 이용하여 단숨에 흥행몰이를 하는 것도 효과적이다. '찐 리뷰 기획'이나 '인플루언서가 올리는 제3자의 게시물' 등의 광고 접근 방법도 있다. UGC를 창출하는 방법은 다양하며 자세한 내용은 4장에서 소개하겠다.

하지만 좋은 UGC를 얻고자 할 때 무엇보다도 우선시되어야 할 대전제는 '좋은 상품 및 서비스'가 준비되어 있어야 한다는 점이다. 예를 들어 구매 의욕을 자극하는 것이 음식점이라면 '맛있다', 의류라면 '멋있다', '귀엽다', 엔터테인먼트라면 '즐겁다', '재미있다'는 식의 UGC다. '갖고 싶은 마음'을 자극하려면, 겉으로만 좋아 보이는 캠페인을 진행하기 전에 좋은 상품과 서비스부터 갖추고, 상품 품질 등에 관한 사용 후기를 늘리는 것이 중요하다.

셋으로 발라내기

ULSSAS를 돌리려면 상품 카테고리에서 전략을 나누는 것이 중요하다.

생선의 배를 갈라 좌우의 살과 뼈, 셋으로 발라내는 '생선 손질법'과 같은 이치로 비즈니스를 세 종류로 분류하면, SNS나 UGC를 활용한 마케팅이 적합한지 판단할 수 있다. 사용자 행동과 상품의 특성을 기점으로 분류하여 가설을 세우고 KGIKey Goal

Indicator, 목표 달성 지표를 정한 다음에 구체적인 방법을 궁리한다. 이 프레임워크에 따라 정리해 보면 'UGC가 있다/없다', '검색을 한다/안 한다'로 ULSSAS를 돌리는 기법을 나눌 수 있다.

먼저 'SNS상에 자연스럽게 UGC가 만들어지는가'라는 관점에서 1차로 나눈다. 그리고 브랜드 관련 UGC가 만들어지지 않았다면 '상품이나 서비스명 검색 수'가 있는가라는 관점에서 2차로 나눈다. 그러면 다음과 같은 세 가지 유형으로 분류할 수 있다.

① 이미 UGC가 만들어지고 있다더불어 검색 수도 있다
② UGC는 만들어지지 않았지만 검색 수는 있다
③ UGC도 검색 수도 없다

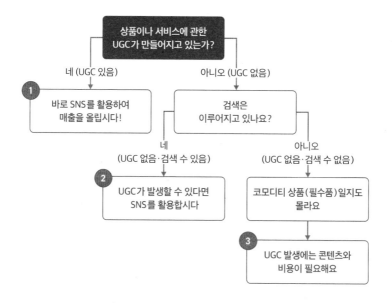

왜 UGC에서 시작하는가 하면 UGC가 이미 나와 있다는 것은 사용자 행동이 일어나고 있음이 틀림없다는 뜻이기 때문이다. 이미 나와 있는 UGC 수를 SNS 마케팅을 통하여 늘리기만 하면 된다는 이야기다.

'셋으로 발라낸' 다음에 유형별로 어떤 마케팅을 진행해야 할까?

① 이미 UGC가 발생했다 (더불어 검색 수도 있다)

SNS상에서 기업명이나 브랜드명, 상품명 등을 검색하여 이미 UGC가 만들어져 있다면 UGC라는 사용자 행동이 일어나기 쉬운 브랜드라고 할 수 있다. 이런 경우에는 지금 만들어져 있는

UGC를 더욱 늘리는 방향으로 마케팅을 진행하자. UGC가 활발하게 만들어지는 경우라면 SNS를 활용하여 매출을 올릴 수 있을 것으로 기대된다.

② UGC는 만들어지지 않았지만 검색 수는 있다

이런 경우 우선은 UGC가 만들어지고 공유되기 쉬운 SNS 활용에 유의해야 한다. 공유가 이루어지는 SNS 활용 요령에는 몇 가지가 있는데, 그중 하나로 '사용자가 따라 하기 쉬운 게시물'이 있다. '이렇게 찍으면 돼'라는 의도를 담아 마치 샘플 이미지를 제공하듯이 게시물을 올릴 수도 있다. 이미지를 올린다면 찍는 방법의 보기를 제시하고, 텍스트로 올린다면 게시물 포맷을 제시해 줌으로써 사용자가 따라 하기 쉬워지고 UGC가 만들어지기 쉬워진다.

또한 에고 서치^{자신의 평판을 인터넷에서 반복해서 확인하는 행동}를 하여 멋진 UGC를 올려준 게시물을 재게시하는 것도 잊지 말자. 사용자 대부분은 팔로워 수가 100명 미만이므로 '좋아요!'를 세 개만 받아도 감지덕지한데, 공식 계정에서 '재게시해서 좋아요!'를 100개나 받으면 무척이나 기쁠 수밖에 없다. 이를 반복하면 서서히 '내 글도 재게시 해 줘'라는 메시지를 담아 '#브랜드명' 해시태그를 단 게시물이 늘어난다.

③ UGC도, 검색 수도 없다

이런 경우 상품이나 서비스가 이미 코모디티^{범용품}가 되어 검색하지 않는 경우가 많을 것이다. 예를 들면 '지금 컵라면 먹는 중'이라고 글을 올린 적이 있는가? 최근에 스테디셀러 컵라면 상품명으로 검색해 본 적이 있는가? 컵라면을 구매한 적은 정말 많겠지만 검색한 적은 없을 것이다. 먹고 싶으면 편의점이나 마트에 가면 그만이기 때문이다. 많은 코모디티 상품은 이 유형으로 분류된다. 웬만큼 개성적인 상품이 아닌 한 컵라면이나 삼각김밥에 관한 UGC는 만들어지기 어렵다.

이처럼 코모디티가 된 상품과 관련하여 자연적으로 만들어지는 UGC를 기대하기란 여간 어려운 일이 아니다. 그런 경우에는 콘텐츠를 제작하여 사용자 행동을 의도적으로 조성해야 한다. 콘텐츠 제작에는 큰 비용이 드는 경우가 많으므로 다른 광고 마케팅과 ROI를 비교하고 검토할 필요가 있다.

셋으로 발라내기 프레임워크를 활용함으로써 ULSSAS를 돌리는 데 필요한 비용도 쉽게 파악할 수 있다. 대략적으로 말하자면, ①에서 UGC를 생성하는 비용이 천만 원이라면, ②는 그 3배인 3천만 원, ③의 경우에는 ①의 10배인 1억 원 정도가 투자 자본으로 필요하다고 보면 된다. 자사의 상품 카테고리에서 UGC와 ULSSAS를 활용하기 어려울 듯하면, 깨끗하게 포기하고 'ULSSAS를 돌리는 데 투자하지 않겠다'는 전략을 세울 수도 있겠다.

'UGC가 만들어지기 쉬운지'는 어떻게 판단할까?

UGC가 만들어지기 쉬운 정도를 파악하고 싶다면 에고 서치를 추천한다. 에고 서치를 하여 자사 브랜드의 UGC가 검색되지 않는다면 '만들어지기 어려울' 수 있다. 상품 카테고리에서도 검색해 보면 좋다. 예를 들면 다리미 제조사라면 자사 제품명 이외에도 '다리미'라는 상품 카테고리에서 검색해 보자. 그 결과, UGC가 만들어지고 있다면 '이 상품 카테고리에서는 UGC가 발생한다'라고 판단할 수 있다.

덧붙여 소셜 리스닝 툴 등을 이용하여 계측하고 나서 판단하는 편이 더 좋겠지만, 일반적으로 UGC가 만들어지기 쉬운 상품과 만들어지기 어려운 상품을 소개하겠다.

[UGC가 만들어지기 쉬운 상품]
- 다른 사람에게 추천하기 쉬운 상품 (스낵 과자, 음악, 영화, 책 등)
- 자기표현 수단으로 게시물을 올리기 쉬운 상품 (의류, 화장품 등 이른바 '갬성'을 표현할 수 있는 상품)
- 물리적으로 존재하는 상품 (상품이 물리적으로 존재하면, 사진이나 동영상을 만들 수 있어서 SNS에 올릴 가능성이 크다.)

[UGC가 만들어지기 어려운 상품]

한마디로 말하면 '대화 중에 언급할 이유가 없거나', '대화 중에 언급할 기회가 극단적으로 적은' 상품이다.

- 관여 제품 중에서도 정서적 가치가 희박한 상품 (쓰레기봉투, 건전지와 같은 일상에서 너무 당연하게 사용하여 대화 중에 언급하기 어렵다.)
- 콤플렉스 상품 (남에게 말하기 꺼려지기 때문에. 권하면 실례될 수 있거나 아무도 모르게 몰래 이용하고 싶은 상품, 자신이 그런 증상이라고 공개하기 어려운 경우 UGC가 만들어지기 어렵다. 이런 경우 UGC를 이용하여 관심을 끌기 어려우므로 리뷰 형식으로 UGC를 활용하는 편이 좋다.)
- 비싸고 구매 개수가 극단적으로 적은 상품 (예를 들면 캠핑카처럼 구매하는 사람이 적은 상품은 UGC가 만들어지는 수도 적다. 극단적으로 말하자면, 세상에 단 하나밖에 없다면 그 상품을 보유하고 있는 단 한 사람만 UGC를 만들 수 있기 때문이다.)

상품 및 서비스의 특성에 따라서는 이에 해당하지 않을 수도 있다. 소셜 리스닝 툴을 이용하여 확인한 데이터를 바탕으로 마케팅을 진행하길 바란다. 소셜 리스닝을 통해 어떤 맥락, 동기, 이유로 UGC가 만들어지는지 분석함으로써 UGC를 늘릴 수 있는 돌파구를 발견할 수도 있다.

UGC 생성이 매출 증가로
이어진 사례

사례 : 소시지 제조사의 '구매 이유' 만들기

1945년에 창업한 미국의 전통 소시지 브랜드 '쟌슨빌'의 사례를 소개하겠다. UGC 수가 1년만에 아홉 배가 되었고 매출도 늘었다.

쟌슨빌은 일반적인 소시지에 비해 높은 가격대의 상품으로, 패키지도 해외 상품 특유의 느낌이 강해서 '일본에서 얼마나 인지를 얻고, 손쉽게 구매하도록 유도할까'라는 과제를 안고 있었다. 그래서 품질이 높은 인지를 얻고, 인지에서 구매로 이어지도록 '당사자 의식화' 촉진을 목적으로 2019년 8월부터 본격적으로 SNS

마케팅에 힘을 쏟았다.

쟌슨빌에서는 SNS를 자사 계정에서 사용자에게 한 방향으로 정보를 전달하는 온드 미디어와 광고를 게재하는 페이드 미디어에 그치지 않고, 사용자 스스로 UGC를 올리고 이를 사용자 간에 쟌슨빌을 화제로 삼는 언드 미디어로써도 활용할 방침을 세웠다. '어떻게 자사 계정이 화제에 오르는 것인가뿐만 아니라, 어떻게 UGC가 화제에 오를 것인가, 어떻게 UGC를 늘릴 것인가'라는 관점에서 다양한 마케팅을 진행했다.

사용자에 의한 사용 후기UGC에는 '당사자 의식화를 유도하기 쉽다', '태도 변화를 촉진하기 쉽다'라는 강점이 있다. 따라서 '당사자 의식화'의 촉진을 나타내는 지표로써 UGC 수를 KPI로 설정하였다. 그리고 다음과 같이 SNS 활용 방침 및 방향성을 내걸었다.

[SNS 활용 방침]
• 계정 기반을 구축[14]하여 더욱 관심을 끈다
• UGC의 창출과 증가

---

14 **계정 기반의 구축** : UGC가 만들어지는 기점이 되는 양질의 팔로워를 SNS 광고 등을 활용하여 모으는 일을 말한다.

[마케팅 방향성] (일부)

- 양질의 팔로워를 모은다
- 인게이지먼트 비율[15]을 높이는 오가닉 콘텐츠
- 참여형 콘텐츠 기획
- UGC를 창출하는 계정 운용

[양질의 팔로워]

- UGC를 만들어내기 쉽다
- 구매로 이어지기 쉽다
- 자주 언급해 준다
- 호의적인 인용(옛 인용 리트윗)이나 답글을 준다 등

[실제로 진행한 마케팅]

(1) 인게이지먼트 비율을 높이는 오가닉 콘텐츠

공식 계정에서 '너무 예쁜 이미지'를 올리면 홍보하는 느낌이 들기 때문에 홍보 느낌이 나지 않는 사용자의 눈높이에 맞춘 이미지를 올린다. 계절 트렌드에 따른 게시물이나, 컨버세이셔널 카드 현재 컨버세이션 버튼 등을 이용한 참가형 콘텐츠도 기획하여 팔로워들의 참여도를 높일 방법을 모색하였다.

---

15 **인게이지먼트 비율** : 게시물이 표시된 사용자 중에서 마음에 들어요!나 재게시 등 반응을 보인 사용자의 비율을 나타내는 값.

(2) UGC를 창출하는 계정 운용

엑스를 운용하면서 'UGC 창출'을 목적으로 UGC의 재게시에
도 힘을 쏟았다. UGC 창출 프로세스를 다시 한번 정리하면 도표
3-22와 같이 나타낼 수 있다.

공식 계정이 UGC를 재게시함으로써 확성기와 같은 역할을 하
여 더 많은 엑스 사용자의 시선을 사로잡는다. 이를 본 다른 사용
자들이 새로운 UGC를 만들고, 그것을 또 재게시하는 방식으로
분위기를 더욱 띄웠다.

도표 3-22 UGC 창출 프로세스

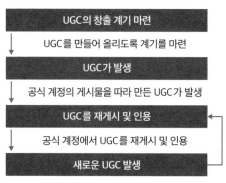

공식 계정에서 재게시함으로써 새로운 UGC가 발생

공식 계정의 팔로워 수는 UGC를 만드는 일반인과 자릿수부터
다르다. 팔로워 수도 훨씬 많고, 브랜드에 관심이 있는 사용자들
이 팔로우하도록 유도하면 재게시한 게시물에 대한 호응도 훨씬
높아질 것이다.

공식 계정에 인용됨으로써 자신의 UGC가 화제에 오르고, 스마트폰 알람이 끊임없이 울리게 될 것이다. 한 번 그런 경험을 하면 다음번에도 그다음에도 UGC를 만들어서 올려 줄 가능성이 있다. 이를 본 주변 사람들도 '이 상품에 관한 게시물을 올리면, 자신도 화제에 오를지도 모른다.', '자신이 올린 게시물도 인용해 줬으면 좋겠다.'라는 생각이 든다.

인간이 가진 인정 욕구를 조금 자극하면, 새로운 UGC를 만들어내는 동기 부여가 된다. UGC를 인용하는 데에는 그러한 효과를 기대할 수 있다.

UGC를 재게시할 때도 (1)과 마찬가지로 SNS 활용 목적에 유의하며 '당사자 의식화'를 촉구하는 생활감이 있는 이미지도 골랐다. 소박하고 친근한 느낌을 주는 게시물은 UGC만의 매력이자, 더 많은 사람의 마음에 와닿기 쉽다는 강점이 있다.

브랜딩에 관해서는 '카테고리 엔트리 포인트CEP'를 의식한 마케팅을 진행했다. 이는 '쟌슨빌을 구매하는 이유를 늘리기' 위함이다. 예를 들면 '든든하게 먹을 땐 쟌슨빌', '기분을 내고 싶은 주말 점심엔 쟌슨빌', '바비큐엔 쟌슨빌' 등과 같은 게시물을 올리며 다양한 사람이 '구매할 이유'를 늘려 갔다.

동시에 이러한 구매 이유와 관련된 UGC를 적극적으로 재게시하는 등 CEP를 넓히는 마케팅 커뮤니케이션을 설정하고자 노력했다.

특정 상황을 떠올리며 사고 싶은 마음이 들도록 유도함으로써, 쟌슨빌을 몰라도 각자 관심이 가는 구매 이유와 관련된 UGC를 만들었고, 결과적으로 쟌슨빌에 관한 UGC가 늘어났다. 사용자들이 만드는 UGC도 다양해지며 게재되는 UGC의 질도 향상되었다.

동시에 유명 인플루언서가 올린 동영상이 첨부된 UGC를 인용했는데, 이를 본 사용자들이 자발적으로 그것을 따라 한 게시물을 잇달아 올렸고, 핫 샌드위치 제조사에서 쟌슨빌을 굽는 UGC를 올리기에 이르렀다.

도표 3-23 카테고리 엔트리 포인트를 넓힌다

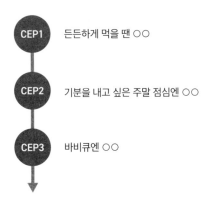

'SNS 활용 방침'에 따라 계속 운용한 결과, KPI로 설정했던 UGC 수는 약 아홉 배로 증가했다. 엑스에서 '쟌슨빌'이라고 검색하면 UGC가 우르르 쏟아져 나오는 것을 확인할 수 있다. 매출 면에서도 큰 성과를 얻을 수 있었다.

도표 3-24 SNS 활용하기 전후 비교

지표	2019년 5월	2020년 5월	
팔로워 수	400팔로워	48,202팔로워	
UGC 수/월 (인용 포함)	440건	6,590건	약 15배
UGC 수/월 (텍스트만)	280건	2,465건	약 9배
UGC 수/월 (이미지 포함만)	10건	1,051건	약 105배

원래 쟌슨빌은 주말에 매출이 증가하는 경향을 보였다. 본격적으로 SNS를 활용하면서부터 평일에 사용 후기 수가 늘면, 그와 비례하여 해당 주말의 POSPoint Of Sale도 올라가게 되었다.

도표 3-25는 어느 시기의 판매 금액매출과 언급된 횟수 및 UGC 수의 관계를 날짜별로 나타낸 그래프로, 사각형으로 표시한 부분이 주말 매출이다.

평일에 언급되는 횟수가 많으면 주말의 매출도 증가함을 확인할 수 있다. 양질의 인지와 당사자 의식화를 촉진함으로써 매출에도 좋은 영향을 주었다.

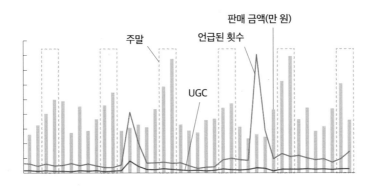

도표 3-25 특정 시기의 판매 금액과 사용 후기 수를 합친 데일리 그래프

단일 상품, 단일 브랜드 계열의 비즈니스에서는 사용자를 늘리려면 어떻게 CEP를 넓혀갈 것인가, 이를 위해 SNS를 어떻게 활용할 것인가가 중요해진다.

'어떻게 팔로워를 모을 것인가', '어떻게 게시물에 대한 참여도를 높일 것인가'를 KPI로 설정하는 것은 반드시 적절하다고 할 수 없다는 말이다.

겉으로 보기에는 좋아 보일지 몰라도 매출 증가로 이어지는 마케팅 커뮤니케이션이 설계되어 있지 않기 때문이다.

ULSSAS를 효과적으로 돌리는 방법은 '양질의 팔로워를 확보하기', '확보한 팔로워에게 UGC를 만들 계기가 되는 게시물 올리기'다.

다시 한번 말하지만 중요한 것은 '어떻게 하면 자신이 화제에 오르는가'가 아닌 '어떻게 하면 UGC가 화제에 오르는가' 하는 관점이다. 1 대 n뿐만 아니라 N 대 n 정보 전파 구조를 견고하게 다져두어야 한다.

지금까지 ULSSAS를 효과적으로 돌리는 중요성과 임팩트를 다양한 데이터와 사실 그리고 사례를 바탕으로 설명했다. UGC를 주축으로 삼아 SNS 마케팅을 진행할 때는 '어떻게 하면 UGC가 화제에 오를까'라는 관점에서 전략을 세워야 한다.

미디어 환경의 극적인 변화는 순풍이 될 수도 있고 역풍이 될 수도 있다. SNS 시대에 사람들은 어떻게 상품을 알게 되고 구매할까? 그 구매 행동 프로세스로서 ULSSAS를 소개했다. 이제 SNS상에 UGC를 올림으로써 고객이 고객을 불러오는 구조가 자리 잡았다. 이러한 구조를 잘 활용하여 효율적인 마케팅을 진행하자.

3장에서는 SNS를 활용하여 상품 및 서비스 인지 영역에 그치지 않고, 실제로 매출 증가로 이어간 기업의 사례를 소개했다. 전부 '어떻게 하면 기업 계정의 캐릭터가 화제에 오를까?'라는 생각으로 한 것이 아니다. N 대 n 정보 전파 구조를 염두에 두고 '어떻게 하면 고객이 UGC를 만들 것인가.', '어떻게 하면 UGC가 화제에 오를 것인가.'도 고려하여 마케팅을 진행했다.
아직도 '어떻게 하면 캐릭터가 화제에 오를까'를 고민하며 SNS를 활용하고 있는 기업이 적지 않다. 기업 계정의 '운용 담당자'가 아닌 고객 한 사람 한 사람이 주인공이 되어야 한다.

SNS는 팔로워 수나 확산 수 등 중간 지표에만 주목하기 쉽다. 원래 마케팅은 '얼마나 매출에 기여하느냐'가 중요하지만 대중 매체에는 시청률 문화, 인터넷에는 CPA 문화가 있고, 마찬가지로 SNS에도 '중간 지표를 쫓고 싶다'는 사고방식이 있다. 그 대표적인 예가 팔로워 수이며, 그 밖에도 참여도와 SNS를 경유한 웹사이트 유입 수 등이 있다. 요즘 세간에서 SNS의 성공 사례로 꼽는 것도 이러한 중간 지표를 기준으로 성공했다고 이야기하는 듯한 인상을 받는다.

더불어 마케팅은 최신 툴이나 유행하는 기법에 휘둘리기 쉽다. 왜 수단에 휘둘릴까? 바로 수단을 팔려고 하는 사람들이 있기 때문이다. IT 벤더에서는 화제가 되는 키워드를 만들어 솔루션을 판매하려고 든다. 미디어는 새로운 키워드로 기사를 쓰려고 한다. 예전 같으면 빅데이터나 IoT, 요즘에는 퍼퍼스(기업의 존재 의의), SDGs(Sustainable Development Goals, 지속 가능한 발전 목표), 쿠키리스(Cookieless), 애프터 코로나 시대 등을 들 수 있다. '수단을 팔려는 사람들'이 존재한다는 사실을 의식하지 않는 한 그 강력한 끌어당기는 힘에 쉽게 끌려가 집어삼켜지고 만다.

그런 유혹에 현혹되지 않기 위해서라도 '자사가 진정으로 해결하고 싶은 것은 무엇인가?', '이를 위한 최적의 수단은 무엇인가?'를 항상 자문해야 한다. 이것만큼은 절대 흔들리거나 잊지 말도록 하자.

소개한 ULSSAS에 대해서도 갑자기 달려들지 말고, 냉정하게 셋으로 발라내기 프레임워크를 이용하여 활용할지 검토해 보자. 이 세상에 마법 지팡이는 존재하지 않는다.

147

제4장

성과로 이어지는
SNS 마케팅의
일곱 가지 법칙

7

SOCIAL MEDIA

MARKETING

SNS는 마케팅 전체를 최적화하는 관점에서 진행한다

SNS 마케팅을 성공시키기 위하여

이번 장은 실천편이다. SNS 마케팅에 관련된 실무 책임자나 담당자를 대상으로 좋은 성과를 거둘 수 있는 SNS 마케팅의 법칙을 일곱 가지 착안점으로 정리했다.

SNS 전략 입안 및 계정 설계뿐만 아니라 전술에 해당하는 UGC와 인플루언서 협찬, 동영상 활용법, 휘둘리기 쉬운 각 SNS

의 알고리즘에 대한 대책1, 조직 만들기 방법 등을 소개한다.

각 법칙의 마지막 페이지에 '요점'을 정리해 두었다. 반복하여 보면서 반드시 실무에 반영하기를 바란다.

---

1 **SNS 알고리즘 대책** : 알고리즘은 일반적으로 외부에서 얻은 데이터를 처리하고 출력 결과를 생성하는 절차를 가리킨다. SNS 플랫폼상에서 사용자에게 표시하는 콘텐츠는 알고리즘에 따라 선출되므로 이를 이해하고 대책을 세워 실행함으로써 게시물이 사용자에게 표시되기 쉬워진다.

법칙①
트리플 미디어로 분해하면
SNS 대책이 보인다

KPI 설계는 최우선 과제다

SNS의 KPI 설계에 관한 질문을 가장 많이 받는다. 앞으로 SNS를 본격적으로 활용하고자 해도 처음이라 어디서부터 손을 대야 할지 몰라 정답을 찾고 싶은 마음에서 하는 질문이 아닐까.

결론부터 말하자면, 누구에게나 통용되는 'SNS 전용 KPI'는 존재하지 않는다. 이는 SNS뿐만 아니라 SEO에도, 광고에도 그리고 어떤 회사의 어떤 사업부에도 통용되는 KPI는 존재하지 않는다. 굳이 꼽자면 '시도 횟수' 정도가 아닐까.

전략이란 업체마다 다른 법이다. 이는 KPI 설계에서도 마찬가지다. 자사 마케팅의 전모와 디지털 마케팅 환경의 변화, 최첨단을 잘 알지 못하면 최적의 전략과 KPI를 설계하기는 어렵다.

잘못된 KPI에는 패턴이 있다

잘못된 KPI에는 명확한 패턴이 있다. 실패 사례를 알아두면 같은 전철을 밟는 일은 없을 것이다.

다음과 같은 사고 프로세스에 따라 본질적인 KGI-KPI 설계를 진행한다.

- 본래 KGI는 무엇인가?
- 달성하기 위한 성공 요인인 KSF(Key Success Factor : 핵심 성공 요인)는 무엇인가?
- 그로부터 도출할 수 있는 KPI는 무엇인가?

만약 KGI가 확실하지 않다면 일반적인 KGI Key Goal Indicator, 목표 달성 지표-KSF-KPI Key Performance Indicator, 핵심 성과 지표의 설계 방법부터 되짚어 보라.

더불어 틀리기 쉬운 포인트를 소개한다. 실패는 피할 수 있다. '자사가 여기에 해당하는가?'를 생각하며 읽기를 바란다.

잘못된 KPI 설계 예시 (1)
SNS 게시물을 경유한 웹사이트 유입 수만을 쫓는다

자사의 상품을 소개하는 게시물이나 온드 미디어 기사 등을 또는 공식 계정에서 올린 게시물~~자사의 상품을 소개하는 게시물이나 온드 미디어 기사 등~~에 첨부한 링크를 클릭한 수만 계속 주시하는 경우다.

자사 계정 프로필 페이지에 기재한 URL을 클릭하여 유입된 웹사이트 유입 수도 직접 유입 수다. 3장에서도 이야기했듯이 직접 유입에서 비롯된 구매~~직접 구매~~뿐만 아니라 다른 형태로 구매 유도에 기여하기도 한다. SNS에서 상품이나 서비스를 알게 되어 흥미를 느끼고 검색해서 웹사이트를 방문하기도 한다. 먼저 그러한 소비자 행동을 고려하여 가장 알맞은 KPI를 모색해야 한다.

이미 이러한 잘못된 상황이 벌어지고 있다면, '1 대 n 정보 전달에 의한 직접 구매'만 평가하는 사고방식에 사로잡혀 있을지도 모른다. 1 대 n뿐만 아니라 N 대 n의 수치도, 즉 직접적인 기여뿐만 아니라 간접적인 기여도도 주시해야 한다.

1 대 n의 수치에는 자사가 올린 게시물의 임프레션 수[2], 리치 수[3] 등이 있다. N 대 n의 수치는 언급된 횟수나 UGC 수를 가리킨다.

---

2 **임프레션 수** : 게시물이 사용자에게 몇 회 표시되었는지를 측정하는 지표. 게시물의 표시 횟수.
3 **리치 수** : 게시물이 얼마나 많은 사용자에게 전달되었는지를 측정하는 지표.

간접적인 기여로는 검색 수 등을 들 수 있겠다. 3장에서도 설명했듯이 UGC 수와 검색 수 사이에 상관관계가 있는 예도 있기 때문이다.서로 어느 정도 영향을 미치는지는 상품 카테고리에 따라 다르다. UGC 수가 많아질수록 자사의 상품과 서비스에 대한 인지도가 높아지고 흥미를 느끼는 사람이 늘어난다. 이들이 나중에 검색도 하므로 자연스럽게 검색 수가 증가하는 경향을 보인다.

따라서 SNS 계정을 운용할 때 하나하나의 게시물을 이용하여 고객을 모으려고 하거나, 게시물 단위로 효과를 검증하는 데 큰 의미는 없다. 물론 하나하나의 게시물의 성과를 분석해야 하는 경우도 있다. 그 자체가 전혀 의미 없는 행위는 아니다. 그러나 고객은 기업과 '점'이 아닌 '면'으로 접점을 가진다는 사실을 잊지 않도록 하자.

'공식 계정이 화제에 올라야 한다'는 생각에 빠져 있으면, N 대 n의 중요한 지표를 알아채지 못한다. 그러한 사고방식에 사로잡혀 있으면 이른바 공식 계정에서 운용 담당자만이 게시물을 올리는 기법을 뛰어넘는 아이디어를 낼 수 없을 것이다. SNS 마케팅을 통하여 좋은 성과를 거두려면 '계정 운용에만 주력해서는 불충분'하다.

잘못된 KPI의 설계 예시 (2)
KGI와 연동되지 않는다

KGI는 매출 등 사업의 최종 목표 달성에 필요한 핵심 지표를 말한다. KPI는 KGI를 달성하기 위한 열쇠가 되는 지표다. KPI란 매출 증가를 좌지우지하는 열쇠라고 볼 수도 있다.

SNS 활용 마케팅 현장에서 KPI로 공식 계정 팔로워 수만 설정해 둔 경우를 흔히 볼 수 있다. '팔로워 수를 늘린 결과가 KGI로 어떻게 이어질 것인가?'라는 관점을 망각한 예도 적지 않다. 몇 번 이야기했듯이 그 대표적인 예가 팔로워 수를 KPI로 설정하는 것이다. 팔로워 수를 늘려 공식 계정의 정보 전달력을 높이는 것이 노리는 바일 터이다. 정말 바라는 결과의 수치부터 살펴보자.

재게시 수나 참여도도 마찬가지다. 참여도를 높이기 위해 팔로우 & 재게시 캠페인이나 선물 캠페인을 반복하고 있지는 않은가? 목적이 '손쉽게 참여도 높이기'로 바뀌는 경우도 많고, 대부분 해당 브랜드나 기업의 최종 목표 달성에 도움이 되지 않는다.

사업 단계가 바뀌어 KGI로 이어지기 어려워졌는데도, 여전히 이전과 같은 KPI를 쫓기도 한다. 한마디로 '아직도 그 KPI를 쫓고 있어?'라고 할 수 있다.

예를 들어, 여러분이 신규 사업의 온드 미디어 기획을 맡았다고 하자. 기획 초기에는 기사 100편 제작하기가 KPI로 설정되었다. 그러나 시작한 지 1년이 지난 후에도 목표 개수에 변함없는 상황이 타당하다고 할 수 있을까? 유명 라이터에게 연재 계약을 따오거나, 광고 협찬 수주를 위해 영업 활동을 재검토하는 등 무엇이 되었든 다음 목표를 설계하는 것이 자연스러운 흐름이지 않을까?

KPI는 사업 양상이나 단계에 따라 그때그때 바꾸어야 한다. SNS 마케팅 초기 단계에서 게시물의 리치 수를 쫓아도 유의미한 성과를 내기 어려울 것이다. 팔로워 수가 적은 상태라면 KPI로 팔로워 수를 설정해도 적절한 방안일 수도 있고, 한 달에 10건 게시물 올리기 등 행동의 양을 추구하는 것이 상황에 맞을 수도 있다.

상황이 바뀌면 봐야 할 수치도 달라진다. KPI는 살아 있는 것이다. 자사의 SNS 마케팅이 새로운 국면에 진입한 줄도 모르고 기존과 똑같은 KPI를 추구하고 있지는 않은가. 다시 한번 점검해 봐야 할지도 모른다.

이처럼 KPI를 별개로 생각하지 말고 '자사의 비즈니스에서 KGI와 연동되는 KPI가 무엇인지'를 생각해 보자.

KPI를 어떻게 설정해야 할지 고민하는 사람도 많다. 여기서 한 가지 제안을 하자면, KPI 때문에 고민인 사람은 일단 어떻게 하면 KGI가 달라질까? 하고 여러 가지 방법을 시도해 보는 것이 효과적일 때도 있다. 여러 가지 방법을 찾는 과정에서 '이러한 지표가 달라지면 KGI도 달라지는구나'하고 깨달음을 얻을 수 있다.

잘못된 KPI의 설계 예시 (3)
평가 항목으로 바꿔치기 되어 있다

CPA나 CV전환 수는 알기 쉽다. 클릭 수 중에서도 콘텐츠에 포함된 URL에서 직접 클릭한 CV 수는 측정하기 쉽다. 인사 평가도 정량으로 정해진 지표가 있으면 평가하기 쉬운 법이다.

예를 들면 이번 분기는 매월 CV 수 100건을 목표로 삼고 110건이 발생하면 달성률은 110%이다. 달성률이 110~119% 내의 범위라면, 승급과 상여, 승격에 이런 식으로 연동하여…… 이는 성과를 내기 위해서가 아닌 평가받기 쉬운 성과를 위한 방식이다.

이는 KPI가 MBO로 바꿔치기 된 현상이다. KPI가 MBO와 같은 의미로 사용되고, 그대로 자리 잡지는 않았는가. MBO란 Management By Objectives 목표에 의한 관리의 약칭으로 개인과 조직의 목표를 서로 조정하여 만드는 개인의 목표 설정이다. 평가를 위한 목표 설정인데, 어느새 KPI로 탈바꿈된 경우가 많다.

MBO와 연동시키는 KPI로서 정량으로 평가하기 쉬운 팔로워 수를 설정한다든가, 각 계정에서 만 명 확보를 목표로 달성 정도에 따라 상여 지급액을 다르게 하는 등…… 이러한 수치는 어디까지나 MBO다. '이 KPI는 어떤 KGI를 달성하기 위한 지표인가'라는 관점이 빠졌다. KGI에 공헌하기 위한 적절한 KPI를 설정해야 하는데, 인사 목표에 연결된 목표 설정으로 바뀌어 버린 것이다.

이러한 사고방식을 가진 사람은 성과를 내기 위한 지표보다 사내에서 평가받기 쉬운 지표에 마음이 쏠려 있을지도 모른다. '좋은 KPI'와 '평가와 연동되는 부서의 목표'는 비슷한 듯이 보여도 전혀 다른 것이다. 이러한 인사 영역에도 관련된 문제는 SNS 담당자 혼자서는 해결할 수 없으며, 부서 책임자가 앞장서서 추진해 나가야 한다.

SNS를 하지 않는 것도 하나의 전략

SNS에서 잘 팔리는 상품이 있고 그렇지 않은 상품도 있다. SNS에서 잘 팔리는 상품이라도 사용자의 상황, 행동에 따라 마케팅 방법도 달라진다. SNS 전략을 정하는 데 필요한 전제 조건도 확실히 정해지지 않은 채 '어떤 내용의 게시물을 올릴 것인가', '어떤 사진이나 해시태그를 사용할 것인가'와 같은 세세한 이야기로 들어가면, SNS를 활용할 상황이 아닌데도 경영 자원을 계속 쏟아붓다가 끝날 수도 있다.

SNS 전략이 필요한 이유로 다음의 두 가지를 들 수 있다.

· 달성해야 하는 '목적'이 있어서

- '자원'에 한계가 있으므로

여기서 '자원'이란, 인적 자원이나 광고 홍보비, 시간, 지식, 브랜드 자산_{브랜드 에쿼티} 등을 가리킨다. 달성하고 싶은 목적_{목표}이 있고, 이를 위해 한정된 자원_{리소스}을 어떻게 사용할 것인가를 생각하는 큰 방안이 '전략'일 터이다. '무엇을 해야 할까?' 혹은 '무엇은 해야 하는가?'와 같은 관점에서 생각해야 한다.

- 목적이 무엇인가?
- 목표가 무엇인가?
- 이를 이루는 데 필요한 생각과 수단은 무엇인가?

이를 바꿔 말하면, '목적도 없이 계정을 운용하고 있지는 않은가?', '다른 데 써야 할 자원이 부적절하게 배분되고 있지는 않은가?'라는 의문으로 표현할 수 있다.

SNS 전략을 결정하는 흐름은 도표 4-1과 같은 그림으로 나타낼 수 있다.

'SNS 전략 수립'은 '마케팅 전략 수립'의 하위 개념이다. 마케팅 전략을 수립하는 데도 '조사 및 상황 분석'이 필요하다. '조사 및 상황 분석'에는 경쟁사에 관한 조사와 분석을 비롯하여 미디어 환경에 대한 분석도 포함된다.

'SNS 전략의 재검토'는 '마케팅 전략의 재검토'와 같은 의미임과 동시에 '미디어 환경의 재검토'와도 동의어다.

도표 4-1 SNS 전략 수립의 흐름

'SNS 전략의 재검토'는 '마케팅 전략의 재검토'이자 '미디어 환경의 재검토'이며 정보 전파 구조를 재설계하는 일이다.

SNS의 등장은 제조사와 도매업 등 기업도 '고객의 목소리를 직접 들을 수 있다'는 점에서 획기적이었다. 기존에는 POS 데이터 등을 통해서만 파악할 수 있었던 고객의 니즈를 '이 상품이 갖고 싶어.', '이 상품을 사용해 보니 정말 좋았어.' 등 직접 확인할 수 있게 된 것이다. SNS상에서 찾은 고객의 목소리를 상품 기획에 활용하거나, UGC를 자사 웹사이트에 게재하거나 광고 소재로 2차 이용하는 등 다양한 접근도 가능해졌다.

SNS 담당자 혼자서 SNS 전략을 수립할 수는 없다. 마케팅 전략에 결부된 SNS 전략을 수립해야 하므로 디지털 마케팅 책임자와 SNS 담당자는 서로 의견을 나누거나 부서 간의 연계를 도모해야 한다. 자사에서 어떠한 커뮤니케이션을 취해야 하는지는 이번 장의 법칙 7에서 설명하겠다.

마지막으로 도표 4-2와 같은 트리플 미디어에 따른 투자 판단 개요로 정리해 두면 좋다. 생각을 정리하는 의미에서도 이처럼 아웃풋을 작성해 두면 효과적이다.

도표 4-2 트리플 미디어에 따른 투자 판단 (예시)

	엑스	인스타그램	페이스북	메신저 앱
1 대 n (공식 계정 운용)	한다	한다	안 한다	한다
1 대 n (광고)	중점 투자	중점 투자	스팟 이용	안 한다
N 대 n (UGC와 각종 PR 활동)	한다	한다	한다	안 한다

그럼 배분은 어떻게 검토하면 좋을까?

자원 배분 : SNS뿐만 아니라 전체적으로
이익이 최대화되는 배분

'코로나 쇼크'와 러시아의 우크라이나 침공에 따른 유가 및 원자재의 급등 등 2020년 이후 경제 및 금융 분야를 포함하여 전 세계적으로 위기 상황에 부닥쳤다. 비용 구조의 변화가 일어나면 이익 확보를 위해 가장 먼저 깎이는 것은 판매 및 일반 관리비다.

기업 측면에서 보면 역풍을 맞는 듯한 상황이지만, '자원 배분을 재검토하는 절호의 타이밍'이라고 볼 수도 있다.

탈 광고 기점의 예산 배분

'우선 어떤 광고를 진행해야 할까?'라는 생각에 광고에만 마케팅 예산을 배분할 생각으로 머릿속이 가득해질지도 모른다. 그 결과, 우선은 광고에 투자하고, 남은 예산을 온드 미디어와 언드 미디어에 충당해야겠다고 생각할 것이다. 그러나 저비용으로 사용할 수 있는 미디어를 최대한 이용한다는 관점에서도 생각해야 한다. 물론 대중 매체 광고는 압도적인 리치 수를 따낼 수 있는 장점도 있으므로 부정하는 바는 아니다.

SNS는 온드 미디어공식 계정 운용나 언드 미디어UCG 및 PR 파급의 파워가 강한 매체이다. SNS로 말미암아 소비자 행동이 바뀌고 그 니즈에 맞는 상품이 잘 팔리는 현상이 쉽게 일어날 수 있으므로 프로모션 설계 단계에서 SNS에 예산을 넉넉히 배분하는 등 손을 써두어야 한다. CPA가 좋지 않은 매체의 예산에서 SNS 예산을 끌어오는 등 SNS를 충분히 활용할 수 있는 전제하에 예산 배분을 검토하자.

만약 CPA가 너무 높아서 좋지 않은데도 리스팅 광고에 1억 원 단위로 투자하고 있다면 그 예산을 고스란히 SNS 브랜드 마케팅에 투자하는 편이 더 효과적이라고 필자는 생각한다. 인원 배치도 포함하여 예산 배분의 재검토allocation를 추천한다.

도표 4-3 자원 배분의 재검토 방법

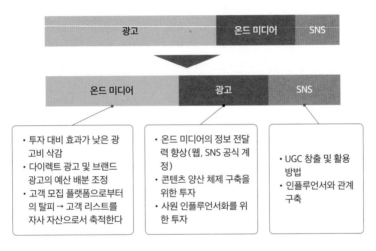

판매 및 일반 관리비가 삭감되는 상황이야말로 배분을 재검토할 절호의 타이밍

| 광고 | 온드 미디어 | SNS |

| 온드 미디어 | 광고 | SNS |

- 투자 대비 효과가 낮은 광고비 삭감
- 다이렉트 광고 및 브랜드 광고의 예산 배분 조정
- 고객 모집 플랫폼으로부터의 탈피 → 고객 리스트를 자사 자산으로서 축적한다

- 온드 미디어의 정보 전달력 향상(웹, SNS 공식 계정)
- 콘텐츠 양산 체제 구축을 위한 투자
- 사원 인플루언서화를 위한 투자

- UGC 창출 및 활용 방법
- 인플루언서와 관계 구축

광고에 대한 자원 배분을 재검토하는 경우

투자 대비 효과가 나쁜 광고 비용을 삭감하거나, 리스팅 광고보다 UGC 활용에 광고 비용을 할애하는 등 앞서 말한 '확보형 방안'에서 '브랜드 구축 방안'으로 자원을 배분하는 방법이 있다. 우선 TV 광고와 라디오 광고, 교통 광고 비용을 줄이고 계정 운용이나 SNS 광고 등 인터넷 광고에 비용을 할애하는 방법도 효과적

이다.

대기업의 EC몰에 고객 모집을 의존하고 있는 경우에는 고객 모집 수단을 자사의 온드 미디어나 SNS 계정으로 조금씩 옮기는 방법도 있다. 그러면 고객 리스트와 데이터를 '자사의 자산'으로서 축적할 수 있다.

도표 4-4는 인지 → 흥미와 관심 → 검색 → 구매 → 재구매라는 마케팅 퍼널별 자원 배분을 그림으로 나타낸 것이다. 인지와 확보, 퍼널별 예산 배분의 균형을 맞추어야 한다.

도표 4-4 미디어 환경에 대한 투자 배분

인지 흥미와 관심	계정 운용 / UGC 및 확산 SNS 광고 / 인플루언서 라이브 방송 / SNS 검색 대응 쇼핑 기능	확보형 방안 종래형 디지털 마케팅 영역
검색 구매 재구매	디스플레이 광고 / SEO 리스팅 광고 리타깃팅 광고 / LPO 웹 접객 / 메일 매거진	브랜드 구축 SNS가 강한 영역

SNS 광고는 풀퍼널로 활용할 수 있다. 디스플레이 광고나 리타깃팅 광고 등과도 연계할 수 있지만, 기본적으로 SNS에서 온드 미디어와 언드 미디어 활용하는 방법은 브랜드 구축에도 적합하다.

이른바 '확보형' 마케팅 기법의 한계에 직면한 곳도 많지 않을까. 한편, SNS로 대표되는 브랜드 구축을 중심으로 한 디지털 마케팅의 새로운 기법도 속속 등장하고 있다. 디지털 마케팅에서도 브랜드 구축 영역에 자원을 배분하는 관점에서도 생각해야 한다.

온드 미디어에 대한 자원 배분을 재검토하는 경우

자사 웹사이트 및 공식 계정에 대한 투자를 늘리고 온드 미디어의 정보 전달력을 높여 가는 방법도 있다.

단, 온드 미디어를 강화할 경우 반드시 콘텐츠를 양산해야 하므로 그만큼 새로운 투자가 필요하다. 텍스트와 사진, 동영상숏폼·롱폼 등 요즘은 콘텐츠의 포맷도 다양해지고 있음을 고려하여 자원 배분을 생각하자.

사원이나 사장 등이 인플루언서로서 스스로 '미디어'가 되는, '사원의 인플루언서화', '인플루언서 내제화'에 대한 투자도 하나의 방법이다.

온드 미디어를 활용하는 데는 콘텐츠 제작에 대한 투자가 필수적이다. 예를 들어 사원의 인플루언서화를 진행하는 경우에는 카메라 등 촬영 기자재나 삼각대, 조명과 같은 소품이 필요하다. 사내에 촬영 스튜디오를 마련하는 기업도 등장하기 시작했다. 예산과 시간은 물론, 콘텐츠 제작에 관한 노하우를 축적할 수 있다는 관점에서도 자사에 필요한 자원 배분을 생각해 보라.

SNS에 대한 자원 배분을 재검토하는 경우

UGC 창출이나 UGC를 활용한 마케팅 등에 투자하는 방법도 있다. 인플루언서에게 자사의 상품이나 서비스 PR을 '협찬'으로서 의뢰하는 것이 아니라, 자연스러운 관계 구축이나 릴레이션십을 통해서 관계를 맺는 것도 중요하다. 자사의 상품이나 서비스를 자발적으로 소개해 주거나, 자연스럽게 자사의 정보를 확산시키는 경우도 많아 효과적인 방법이라고 할 수 있다.

SNS 영역 내에서의 투자 배분의 균형, 먼저 트리플 미디어로 나눈다

우선 알아두어야 할 것은 SNS 운용은 수많은 공정을 거쳐야 할 수 있다는 점이다. 자원이 넉넉한 대기업이라면 몰라도 중소기업 대부분은 현실적으로 불가능할 것이다.

SNS 활용을 트리플 미디어로 나누어 자원 배분을 하는 방법도 있다. 트리플 미디어 관점에서 나누면 우선 온드 미디어로 '공식 계정 운용'을 들 수 있다. 더불어 UGC를 '고객의 목소리'로서 EC 사이트나 자사 웹사이트에 게재하여 구매 전환율을 높이는 방법

도 생각할 수 있다.

언드 미디어는 일반 SNS 사용자에 의한 UGC 창출을 노리는 방법이다. 인플루언서와의 관계 구축을 통해 자연스러운 UGC_{PR 협찬과 관련 없는 게시물}가 만들어지는 데에 자원을 배분하는 방법도 효과적이다. 언드 미디어의 활용 여지에 대해서는 법칙 2에서 소개할 '언급 유도 메서드'를 활용하여 모색해 보자.

페이드 미디어를 활용하는 방법으로는 SNS 광고나, PR 협찬을 의뢰하는 '인플루언서 마케팅'을 들 수 있다. 최근에는 제3자가 올린 게시물이나, 인스타그램의 '브랜드 콘텐츠 광고' 등을 필두로 인플루언서의 게시물을 광고로써 게재하는 것도 가능해졌다.

이처럼 SNS 활용을 트리플 미디어로 나누어 생각하다 보면 점점 다양한 방법을 찾을 수 있다.

어떤 SNS를 강화할 것인가

자원에는 한계가 있다. 각 SNS의 계정을 담당자 혼자서 전부 맡아 목적에 따라 이 SNS를 썼다가 저 SNS를 쓰는 식으로 운용하는 경우도 많지 않을까? 그렇게 하면 결국 각 SNS 운용이 이도 저도 아니게 되어 바람직한 수준의 성과는 나오지 않을지도 모른다.

모든 SNS를 트리플 미디어 관점에서 각각 활용하는 일은 웬만한 대기업이 아닌 한 어렵다. 주력할 SNS를 선택하여 활용하는 편이 무리가 가지 않는다.

도표 4-5 각 SNS의 특성

'전달하고 싶은 상대에게 전달할 수 있는가?', '효율적으로 전달할 수 있는가?',
두 가지 관점에서 주력 SNS를 선택한다

	인스타그램	엑스	페이스북	메신저앱 (카카오톡, 라인 등)	틱톡	유튜브
게시물 형식	이미지· 동영상	다양함	다양함	다양함	동영상 (숏폼)	동영상 (롱폼)
확산성	△	○	△	×	○	△
개인이 게시물을 올리는 동기	좋아하는 것을 올리는 장소	대화를 나누는 장소	개인 의견 발표	채팅	주목을 모으는 무대	프로그램 진행

SNS를 선정하는 포인트는 간단하다. '전달하고 싶은 상대에게 전달할 수 있는가?', '효율적으로 전달할 수 있는가'의 두 가지 관점이다.

예를 들어 지방 사립 대학에서 학생 모집 프로모션을 하고 싶다고 한다. 이 경우 수험생과 같은 연령대의 사용자가 많이 모여 있는 SNS에 정보를 올림으로써 타깃과 접점을 가질 수 있다. 페이스북에서는 사회인 이상의 연령대의 사용자가 많아서 조금 어려울 수도 있다. 그럼 노인복지시설 입주자 모집이라면 어떨까?

고민이 된다면 간단하게 '전달하고 싶은 상대에게 전달할 수 있는가?'를 생각해 보면 된다. 효율을 생각하면, 예를 들어 공식 페이스북 페이지의 갱신에 관한 알고리즘이 난해하고 자연스러운 게재가 어려우니 운용하지 않는다. 혹은 유튜브의 공식 채널 운용은 동영상 제작 비용과 많은 공정을 거쳐야 하므로 지금은 보류하는 등 적절히 판단하자.

엑스는 엑스답게 인스타그램은 인스타그램답게, 각 SNS의 특징을 바탕으로 최적화할 수 있으면 이상적이다. 현실적으로 자원면에서 어렵다면, 우선은 각 SNS에 일제히 게시물을 올리는 방법부터 시작해 볼 수도 있다. 혹은 '우선 엑스부터 정복하자.' 하고 각 채널을 하나씩 공략해 나가는 방법도 있겠다.

UGC를 늘리거나 ULSSAS 사이클을 돌리고 싶다면 엑스를 추천한다. 텍스트 중심이어서 게시물을 올리는 데 진입 장벽이 낮고, 확산성이 뛰어난 SNS이기 때문이다. 특히 엑스가 뛰어난 점은 '데이터 활용의 용이성'이다. 다른 플랫폼은 비공개인 경우도 많아 데이터를 얻기 힘든데, 엑스는 비교적 개방적이다. '이런 마케팅을 진행했더니 UGC가 늘었다', '늘지 않았다'는 식으로 UGC를 늘리기 데 도움이 되는 시사점을 얻기 좋은 장소라고 할 수 있다.

- KPI 설계는 최우선 과제다. 부서 책임자는 다음과 같은 '실수'를 저지르고 있지 않은지 확인한다.

- KPI와 관련하여 흔히 저지르는 실수

  1. SNS 게시물을 경유한 웹사이트 유입 수만을 쫓고 있다.

  2. KGI와 연동되어 있지 않다.

  3. MBO로 바꿔치기 되어 있다.

- 전략은 즉 자원 배분이다. 애초에 SNS를 운용해야 할까. 운용한다면 트리플 미디어로 나누어 어디에 자원을 배분할지 생각한다.

법칙②
'언급 유도 메서드'가
UGC를 폭증시킨다

UGC가 SNS 마케팅의 핵심

법칙 1에서는 SNS의 효과를 최대한 끌어내기 위한 트리플 미디어 관점에 대해 소개했다. 이어지는 법칙 2에서는 SNS의 정보전달력 효과의 총본산이라고 할 수 있는 언드 미디어 활용에 대해 깊이 파고들어 살펴보겠다.

포인트는 다음과 같다. '어떻게 UGC를 창출할 것인가?', 'UGC를 어떻게 활용할 수 있는가?', 'UGC를 활용하기 위한 전략을 만들 수 있는가?' 우선 자사의 상품이나 서비스가 'UGC'를 활용하기 쉬운 특성을 지녔는지를 파악하자. 이때 '언급 유도 메서드'를 활용하기를 추천한다.

UGC 활용 전략 수립에 활용할 수 있는 '언급 유도 메서드'

UGC를 만들려고 해도 소비자의 머릿속에 UGC의 근원이 되는 '소재'가 없으면 UGC를 만들 수 없다. 필자는 이를 '언급 유도'라고 명명했다. '브랜드에 대해 품고 있는 이미지'라고도 바꿔 말할 수 있겠다.

예를 들어, 전혀 모르는 브랜드이거나, 브랜드 이름은 알아도 다른 사람에게 이야기할 만한 소재를 모르는 브랜드라면 UGC를 만들어낼 수 없다. 재고가 없으면 출고를 할 수 없듯이 머릿속에 재고가 없으면 UGC는 만들어질 수 없다는 의미다. UGC의 원료가 되는 소재를 입고해야 한다.

먼저 도표 4-6의 위쪽에 있는 브랜드 측의 '화제'는 UGC의 원료가 되는 '소재'다. UGC는 N 대 n 정보 전파 방식이지만, 애초에 화제가 소비자에게 알려지지 않는 한, UGC가 만들어질 수 없다. 따라서 실제로는 1 대 N 대 n이라는 구조가 된다.

화제는 '양'과 '질'로 나눌 수 있다.

화제의 양화제 수은 '상품 및 서비스 맥락'과 '커뮤니케이션 맥락'의 두 가지 유형으로 나눌 수 있다. 상품 맥락은 '맛있다', '귀엽다'와 같이 상품에 대해 직접 언급하는 사용 후기다. 커뮤니케이션 맥락은 각종 광고 등을 보고 '○○, 감동적이다'라고 공감을 불러일으키는 것이다. 상품 특성에 맞게 어느 맥락이 적합한지 판단하자. 화제의 질에는 n값과 유통기한이라는 요소가 있다.

도표 4-6 언급 유도 메서드

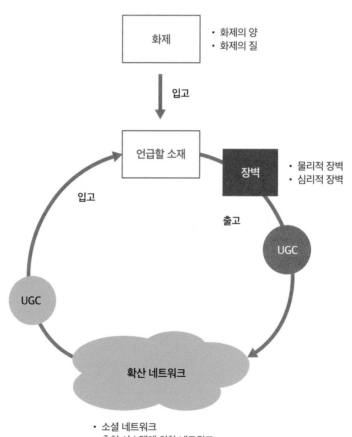

- 화제의 n값(화제를 공유할 수 있는 인원수. 예를 들면 같은 반의 몇 명과 공유할 수 있는 소재인가)

  예 : 틈새 산업 상품은 화제를 공유할 수 있는 n값이 적다. 고양이나 개가 화제에 오르기 쉬운 것은 대중 매체와 공유할 수 있는 화제의 n값이 많기 때문이다.

- 화제의 유통기한(신선도)

  예 : 연예 뉴스(연예인의 결혼 소식 등)는 며칠, 붐은 몇 달, 메가 트렌드는 몇 년 등.

도표 4-7 UGC 창출의 포인트

상품 및 서비스 맥락 UGC의 예시

'○○가 맛있으니 추천'
'○○ 책이 최고였다'
'○○로 피부가 좋아졌다!'
'○○ 패키지가 귀여워!'

커뮤니케이션 맥락 UGC의 예시

'○○의 이 광고가 감동적이다!'
'○○의 광고, 공감되더라!'
'○○에 나오는 탤런트 정말 멋있어~'

화제 입고로는 다음과 같이 자사 계정에서 대화의 계기를 제공함으로써 언급을 촉진시키는 방법도 있다.

[자사 계정에서 제공하는 대화의 계기 예시]

- 질문한다

- 논의를 시작한다

- 대화에 참가한다

- 화제의 소재를 제공한다

- 보기를 보여준다

- 주제를 제시한다(해시태그 기획 등)

- 형식을 제공한다

- 경품 등 대가를 제공한다(팔로우 & 재게시 캠페인 등)

- UGC 제작을 장려한다

- 이야기하기 쉽도록 말문을 연다

그런데 소비자가 '언급'하는 데 이르기까지는 '장벽'이 있다. 물리적 장벽과 심리적 장벽의 두 가지로 나눌 수 있다. 언급 동기나 동기 부여가 있어도 장벽을 넘을 수 없으면 언급되지 않는다.

예를 들어 상품명이 쓸데없이 길면 '해시태그를 입력하거나 SNS에 글을 올리는 것이 귀찮다'라고 느껴져 물리적인 면에서 장벽이 높아진다. 혹은 콤플렉스 상품이라면 '이 제품을 사용하고 있어요'라고 좀처럼 말하기 어려워서 심리적인 장벽이 있다. 물리적 심리적, 두 가지 장벽을 가볍게 넘을 수 있다면, UGC가 만들어진다.

[물리적 장벽의 예시]

· 해시태그가 너무 길거나 영어 대문자 소문자가 섞여 있어 타이핑하기 귀찮다

· 게시물을 만들기 귀찮다

· 대화의 중심 화제로 언급하기 어렵다(중개 등)

[심리적 장벽의 예시]

· 다른 사람의 시선을 신경 쓴다

· 들키고 싶지 않다

· 실패하고 싶지 않다

· 평판을 떨어뜨리고 싶지 않다

그리고 '확산 네트워크'란 언급이 사람에게서 사람으로 전달되는 경로를 말한다. 언급이란 커뮤니티나 플랫폼 내에서 누군가를 대상으로 삼아 이루어진다. 이러한 확산 네트워크에는 팔로우 및 팔로워 관계를 통하여 이루어지는 '소셜 네트워크', '추천 시스템에 의한 네트워크', 'SNS 검색'을 통한 인지 경로 등이 있다.

이처럼 UGC는 팔로우 및 팔로워 관계를 기반으로 한 소셜 네트워크를 통해 확산되기도 하므로 '화제에 오르기 쉬운 콘텐츠'뿐만 아니라 '화제를 모으기 쉬운 네트워크 구축', 둘 모두를 갖추어야 한다. 기업 계정의 팔로워로 UGC를 만들어 줄 만한 사용자를

모으거나, 기업 계정에서 UGC를 재게시하여 팔로워들 간 네트워크를 구축하는 기법이 이에 해당한다.

SNS에는 영화 애호가, 축구 애호가, 요리 애호가 등 다양한 클러스터가 존재한다. 각각의 클러스터를 파악한 후, 클러스터에 따라 적절한 커뮤니케이션을 취하는 것도 효과적인 수단이다. 더불어 영화와 축구 모두 좋아하는 등 사람들 대부분은 여러 클러스터에 소속되어 있으므로 한 클러스터 내에서 정보를 퍼뜨리면 다른 클러스터로도 확산될 가능성이 커진다.

기업은 우선 하나의 클러스터와 커뮤니케이션을 취해 자사의 상품이나 서비스에 관한 인지를 넓혀야 한다. 여기서 핵심은 하나의 클러스터 내에서 그치지 않고 연결된 클러스터로 정보가 퍼지도록 설계하여 진행해야 한다는 점이다.

하지만 이를 전제로 SNS를 활용하고 있는 기업은 적다. 개념을 이해하고 있어도 일부 클러스터 내에서만 끝나는 설계밖에 준비되어 있지 않은 곳이 대부분인 듯하다. 더불어 정보를 확산시켜 나가기 위한 네트워크를 어떻게 형성할 것인가도 중요하다.

확산 네트워크의 품질을 평가하는 요소로 '네트워크의 n값_{언급자가 속하는 커뮤니티 등 집단의 크기}'과 '행동 등으로 나타나는 커뮤니티의 존재', 'SNS 이외의 다른 미디어에서 행동 등으로 나타나는가'가 있다.

예를 들어 의류 업계에는 의류에 관한 화제만 언급하는 전문

SNS 계정이 존재한다. 열을 올리며 푹 빠진 사용자가 존재하면 확산 네트워크가 활발한 편이라고 평가할 수 있다. 해당 카테고리에 전문 계정이 존재하는가? 이는 화제를 키워나가는 데 중요한 포인트다.

새로운 시리즈가 계속 출시되는 게임 등 많은 팬들에게 사랑받는 작품과의 합작 상품이 판매되는 모습을 종종 볼 수 있을 텐데, 이러한 합작 상품의 판매 소식만으로도 화제가 될 만한 이야깃거리가 되고, 관련 팬들의 확산 네트워크를 통해서 정보가 퍼져 나가기 쉽다.

더욱 발전시켜 나가면 거꾸로 '어떤 화제가 확산 네트워크에 편승하기 쉬울까?'라는 의문에서 실마리를 발견하여 마케팅 전략을 짤 수도 있다.

이처럼 N 대 n 정보 전파에서는 A 씨의 UGC를 본 B 씨의 머릿속에 언급할 거리가 쌓이고, UGC를 만들 이유가 생긴 순간 B 씨가 UGC를 만든다. 그리고 B 씨의 UGC를 본 C 씨가 또…… 이와 같은 형태로 언급할 소재가 언급으로 이어지는 흐름이 꼬리에 꼬리를 물고 돈다. 이때 빙글빙글 도는 부분이 ULSSAS의 플라이휠에 가까운 구조라고 할 수 있다.

조금 더 구체적인 이미지를 그릴 수 있도록 라멘, 디저트 가게, 소비재, 콤플렉스 상품, B to B 상품, 포털 및 중개형의 예를 들어 하나씩 살펴보겠다.

'언급 유도 메서드' 사례(1) :
라멘

라멘은 남녀노소 누구에게나 친숙한 화제로, 화제의 질을 나타내는 n값이 많은 클러스터다. 소금 맛이나 된장 맛과 같은 맛의 종류를 비롯하여 면의 굵기, 토핑 메뉴 등이 다양하면 자연스럽게 화제의 양도 많아진다. 언급하는 데 장벽이 있는지 살펴보자면, 까다롭게 평론할 필요가 없으니 심리적 장벽이 낮고, 스마트폰으로 바로 사진을 찍어서 '맛있다'라는 세 글자만 적어도 감상을 전할 수 있어 물리적 장벽도 낮다.

보는 사람에 따라서는 '어, 이 면기에 이렇게 담긴 것을 보니 그 가게에서 파는 라멘이구나?' 하고 알아채거나, 사진만 봐도 쉽게 '맛있겠다.', '먹고 싶다.'라고 느끼기 때문에 UGC를 통한 인지에서 구매로 연결되기도 쉽다. 그렇게 게시물을 본 사람이 흥미를 느끼고, 실제로 가게를 방문하고, 새로운 UGC를 만든다…… 이러한 사이클이 생길 수 있는 좋은 사례라고 할 수 있다.

극단적인 예를 들자면, '빅 사이즈 맛집'도 화제가 되기 쉬워 UGC를 만들기 쉽다고 할 수 있다. 전혀 알려지지 않은 무명 음식점에서 '인기 메뉴를 개발하고 싶다'는 계획을 세웠다고 하자. 평범한 메뉴만 있으면 좀처럼 눈에 띄지 않을 수도 있다. 그래서 극단적으로 양이 많은 메뉴를 개발한다. 사진을 첨부한 '대박.', '도

전하고 싶다.'라는 UGC가 늘어나면 더 많은 인지를 얻게 되고, 일반 메뉴를 주문하는 손님이 늘 수도 있다. 사람들이 이야기하기 쉬운 맥락에 편승해야 한다. 물론 첫 번째로 음식 맛이 좋아야 하고 친절과 가게 분위기 또한 신경 써야 한다.

'언급 유도 메서드' 사례 (2) : 디저트 가게

어느 디저트 가게에서 매주 신상품이 나온다고 하자. 항상 약 400종류의 디저트가 준비되어 있고 신상품도 잇따라 출시된다면, UGC의 소재가 되는 화제의 양이 풍부하다. 게다가 소재의 신선도도 높다. 따라서 언급할 소재가 점점 쌓여 간다.

바꾸어 말하면, 계속 단일 상품을 판매할 경우, 화제의 양이 적어서 싫증 나지 않도록 온갖 수단을 동원하지 않는 한, 화제가 소진되기 쉽다는 특징이 있다.

스테디셀러 상품은 점점 화제의 수가 적어지지만, 여러 가지 맛을 개발하여 종류를 늘리면 UGC가 만들어지기 쉬운 화제 수를 유지할 수 있다.

더불어 '화제의 질'이라는 관점에서 화제의 n값과 유통기한에도 주목해 보자. 남녀 불문하고 디저트에 관심이 있는 사람은 많고, n값이 많을수록 화제를 공유할 수 있는 사람도 많아지므로 언급할 소재→언급의 사이클이 돌아가기 쉬워진다.

아무리 화제의 n값이 많아도 화제의 유통기한이 짧다면 화제가 지속되지 않는다. UGC를 통하여 중장기적인 성과를 얻고 싶다면 '유통기한이 긴 화제', '내구성이 있고, 시대나 트렌드에 좌우되지 않는 화제'를 찾아 화제에 오르도록 작전을 짜 보자.

브랜드가 가진 풍부한 화제는 SNS 계정에서 올린 게시물이나 PR 활동을 통해서 소비자의 머릿속에 '언급할 소재'로서 입력되고, '맛있다'라고 UGC를 만드는 데 장벽이 낮아서 언급되기 쉽다 = UGC가 만들어지기 쉽다는 흐름을 만들 수 있다. 게다가 디저트라는 화제는 남녀노소 누구에게나 공유할 수 있으므로 확산 네트워크를 통하여 언급할 소재→언급의 사이클이 계속 돌기 쉽다.

'언급 유도 메서드' 사례 (3) :
UGC가 만들어지기 어려운 경우 ① 소비재

한편, UGC가 만들어지기 어려운 경우도 있다. 예를 들어 소비재를 취급하는 SNS 계정이 이에 해당한다. 식기용 세제를 예로 들어 살펴보자.

주방세제 상품의 종류는 용량 차이 정도밖에 없다. 주방세제는 어느 가정에서나 사용하고 있어 친숙하기에 화제를 공유할 수 있는 n값은 크지만, '주방세제에 관하여 이야기하고 싶은 소재'는 그리 많지 않을 것이다.

언급할 만한 내용을 굳이 예상해 보자면, '이 세제 좋아!', '이거 썼어~.' 정도로, 복잡한 상품명도 별로 없을 테니 언급하는 데 물리적 장벽도 심리적 장벽도 낮을 것이다. 하지만 굳이 UGC를 만들 동기도 없어서 UGC가 만들어지기 어려운 상품 카테고리라고 짐작할 수 있다.

이러한 점에서 소비재나 소모재는 자연적으로 UGC가 발생하기 어렵지 않을까. 그래도 한번 노려본다면, 팔로우 & 재게시 캠페인이나 화제에 오르기 좋은 프로모션 등을 진행하여 순간적으로 큰 화제를 불러 모을 수 있는 화제를 만들어야 할 것이다.

'언급 유도 메서드' 사례 (4) : UGC가 만들어지기 어려운 경우 ② 콤플렉스 상품

여기서 콤플렉스 상품이란 자신이 이것을 사용하고 있다는 사실을 좀처럼 다른 사람들에게 말하기 어려운 상품을 말한다. 구체적인 예로 구취 제거, 치주 질환 관리, 여드름 치료, 정신적인 고민 등과 관련된 상품이다. 콤플렉스 상품에는 다양한 브랜드가 있으며, 해소하고 싶은 콤플렉스도 다양하지만, 어느 상품이 되었든 심리적 장벽이 상당히 높아 자연적으로 UGC가 발생하기 어렵다.

게다가 콤플렉스 상품은 SNS 계정 운용도 난도도 높다. 예를 들어 콤플렉스 상품을 취급하는 계정을 팔로우하는 시점에서 '아, 이 사람은 이것에 관심이 있구나'라는 알리는 셈이다. 남몰래 쓰고 싶은데 들켜 버리고 만다.

이러한 소비자 심리 때문에 좀처럼 팔로워가 늘어나지 않을 것이다. 게시물에 대한 반응 수도 늘어나기 어렵다. 엑스에서는 누가 어떤 게시물에 '마음에 들어요'를 눌렀는지 제3자가 볼 수 있다. 자신이 '마음에 들어요'를 누르면 다른 사람에게 '어, 이 사람은 이것에 관심이 있나 봐'라고 들통난다.

따라서 난이도는 높지만, 이야기하기 쉽도록 발랄하게 승화시킨 콘텐츠 마케팅을 진행하거나, SNS 광고를 이용하여 다이렉트 마케팅을 하거나. SNS 검색 시 노출되는 콘텐츠를 만드는 등 어떻게 SNS를 활용할지 검토해 보면 좋겠다.

그리고 같은 고민을 하는 사용자들이 모인 비공개 커뮤니티확산 네트워크를 형성하여 브랜드에 관한 대화를 촉진시키고 참여도를 높이고 재구매로 이어지도록 하는 방법도 있겠다. 비슷한 고민을 하는 사람들이 모여 있다는 사실을 알면 그 안에서는 언급 장벽이 낮아지기 때문이다.

'언급 유도 메서드' 사례 (5) :
포털 및 중개형

　가령 부동산 임대 상품이라면 '○○ 서비스를 통해 이사할 매물을 찾았다!' 등과 같은 서비스에 대한 UGC는 만들어지기 어렵다. 좀처럼 대화의 중심이 되기 어려울 것이다. 대화 화제로는 '이지역으로 이사 갈 예정이다.', '여기 새집으로 이사했다.'라고 하는편이 일반적이다.

　'친절하게 대해 주었다!'라는 커뮤니케이션 맥락에서 UGC가만들어질 가능성은 있지만, 기본적으로는 상당히 특징적인 서비스가 아닌 한 자연적으로 UGC가 발생하기는 어렵고, 콘텐츠 마케팅을 통하여 화제가 되도록 촉진하여 UGC가 발생하도록 만들도록 해야 한다.

'언급 유도 메서드' 사례 (6) :
EC 사이트

　EC 사이트의 UGC 전략을 계획 중일 때도 언급 유도 메서드로정리하기 쉽다. 핵심은 화제다. 단일 품목 통신 판매인지, SKU^{상품}의 최소 관리 단위 수가 많은지, 도매업 계열의 몰인지 등에 따라 취할 수 있는 전략도 다르다.

단일 품목 통신 판매 계열, 예를 들어 '한달 정액제 식당'이나 '건강식품'은 UGC가 만들어지기 어려울 수도 있다. 상품이 하나밖에 없어서 화제 수가 적다. 비슷한 게시물을 계속 올리면 질릴 가능성도 있다. 게다가 SNS 사용자가 하나의 상품만 소개하는 계정을 계속 팔로우해서 얻을 수 있는 정보에는 그다지 가치가 없을 수도 있다.

콤플렉스 계열의 단일 품목 통신 판매라면 더욱 어려워진다. 따라서 '상품 맥락'뿐만 아니라 적극적으로 콘텐츠 마케팅을 진행하는 것이 상책이다.

다음으로 소매업 계열이다. 업태의 특성상 상품이나 브랜드의 UGC가 만들어져도 해당 매장에서 산다는 보장은 없다. 제조사의 EC라면 UGC가 늘어날수록 상품명이나 브랜드명으로 검색하여 상품 구매로 이어지는데, 소매업이라면 상품 관련 UGC가 만들어져도 타사 매장에서도 구매할 수 있기 때문이다.

'○○○ 온라인 패션 쇼핑몰에서 이 제품을 샀다.', '아마존에서 이 제품을 샀다.'와 같은 매장에 관한 UGC도 자연적으로 발생하기를 그다지 기대할 수 없는 경우가 많다. 앞서 이야기한 포털형에 해당하기 때문이다.

따라서 상품 이외의 서비스에 중점을 두고 생각해야 한다. 예를 들어, 상품을 발송할 때 무심코 이야깃거리로 삼고 싶어지는 증정품을 곁들여 화제를 만들거나, '구매한 사람 중에서 노란색

택배 상자를 받은 사람은 그에 상응하는 사은품을 주거나 포인트를 주는 등 실질적으로 무료로 해 주겠다'는 화제 등을 제공함으로써 UGC의 생성 계기를 늘릴 수 있다.

소매업의 경우 매출로 이어지려면 해당 매장에 관한 UGC가 만들어지도록 해야 한다. 다른 매장에서도 살 수 있는 상품에 관한 UGC가 만들어졌다고 해서 특정 소매업체에서의 구매로 이어지지 않을 수도 있기 때문이다. '여기서 살까?'라는 생각이 들게 하고, 방문하도록 유도하는 프로모션을 구상해야 한다.

도표 4-8 업태별로 보는 '어떤 UGC를 늘리면 좋을 것인가?'

업태	예시	특징과 방침
제조사 EC 단일 품목	단일 품목 통신 판매 계열 EC	화제의 맥락이 적고, 같은 화제는 싫증 난다 → 콘텐츠 마케팅을 진행하여 화제를 늘리는 것이 효과적이다
제조사 EC 상품 다수	(예) 유니클로, #FR2……	화제의 맥락이 많다
소매업 EC 단일 품목	단일 품목 통신 판매의 성과 보수형 광고 등	상품 관련 UGC가 매출과 직결되지 않는다 → 구매 경험에 관한 UGC를 만들도록 하면 효과적이다
제조사 EC 상품 다수	(예) 아마존, 대형 온라인 패션 쇼핑몰	상품 관련 UGC가 매출과 직결되지 않는다 → 구매 경험에 관한 UGC를 만들도록 하면 효과적이다

'언급 유도 메서드' 사례 (7) :
B to B 상품

B to B 상품도 콤플렉스 상품과 비슷한 측면이 있어 UGC가 만들어지기 어렵다.

B to B 상품이나 서비스에 관하여 '우리 회사에서는 이런 툴을 사용하고 있습니다.', '이러한 회사에 발주하고 있습니다.'라고 SNS에 올리는 일은 없을 것이다. 애초에 화제로 삼지도 않을입소문을 낼 이유가 없을뿐더러 자사에서 이용 중인 좋은 툴을 경쟁사에 들킬 가능성도 있어서 심리적 장벽도 높아진다.

또, 공작 기계 종류, 원자재와 부품, 설비 등 생산 과정에서 사용되는 생산재산업재라면 틈새시장 화제에 해당한다. 화제의 n값이 적어서 UGC를 만든다고 한들 아무도 반응하지 않아 '굳이 화제로 삼을 필요도 없었네'라고 생각할 뿐이다. 위와 같은 이유로 B to B 상품도 UGC가 만들어지기 어렵다.

언급 유도 메서드의 각 요소와 대조해 보면서 자사의 상품이나 서비스의 상황을 정리해 보면, UGC를 어떻게 활용하면 좋을지 더욱 정확하게 구분할 수 있다. 다시 한번 말하지만, 언급 유도 메서드에서는 다음과 같은 요소가 중요하다.

[화제]

- 두 가지 맥락이 있다(상품 맥락과 커뮤니케이션 맥락)

- 화제의 n값(화제로 삼는 사람의 수)

- 화제의 질(이야깃거리의 질)

- 화제의 유통기한(언제까지 화제가 지속될 것 같은가)

[UGC 장벽/동기]

- 물리적 장벽 (상품명이 길어서 입력하기 힘든지 등)

- 심리적 장벽 (UGC에 의한 부정적인 영향이 없는지 등)

- UGC 제작 동기 (UGC를 제작할 동기 부여)

※ UGC 제작 동기에 대해서는 심리학적으로도 설명할 수 있는 점도 있다

[확산 네트워크] ※ 대략 다음과 같은 세 가지로 나눌 수 있다

- 팔로우 & 팔로워 관계를 경로로 삼는 '소셜 네트워크'

- '추천 시스템에 의한 네트워크'

- 'SNS 검색'을 통한 인지 경로

UGC를 늘리는 구체적인 방법으로는 '화제의 양 늘리기', '양질의 화제 찾기'를 들 수 있다. 브랜드 측은 인지하지 못하고 있지만, 소비자는 인지하고 있는 화제가 있을지도 모른다. 이는 소셜 리스닝을 통해 찾아낼 수 있으므로 마케팅 전략에 반영하자.

고객과의 커뮤니케이션에 변화를 주어 물리적 장벽이나 심리적 장벽을 낮추어 주는 기법도 효과적이다. 예를 들어 길고 복잡한 상품명 해시태그가 아니라 약칭이나 기억하기 쉬운 캐치프레이즈를 이용한 해시태그를 만들어 물리적 장벽을 낮출 수도 있다.

UGC를 늘리는 아이디어를 위한 사고방식

UGC 수를 늘리려면 SNS 내에서뿐만 아니라 'SNS 밖에서 분위기를 띄워 UGC를 만들도록 유도하는 방법'도 있다. 매장의 POP 제작에 정성을 들이거나 개성적인 패키지를 만들어 보는 등 이를 발견하거나 구매한 사용자가 '귀여워', '멋지다'하고 무심코 SNS에 올리고 싶어지도록 만들어야 한다. 포토존을 설치하거나 인플루언서를 초대하여 사진 촬영 이벤트를 여는 등 정보를 공유하고 싶어지도록 자리를 마련하고, 사용자가 올린 정보를 본 지인이 찾아오도록 촉진할 수도 있다.

'SNS 밖에서도 할 수 있는 일들이 있다'는 생각으로 UGC를 늘리는 아이디어를 내 보자. 동시에 'SNS상에서 입소문이 퍼지기 쉬운 소재'도 알아두어야 한다. 엑스라면 '실시간 트렌드' 메뉴에서 그 순간 엑스 내에서 인기 있는 트렌드가 랭킹 형식으로 소개되고 있으며, 수시로 갱신된다도표 4-9. '트렌드' 탭을 열어 나열된 키워드만 봐도 트렌드에 민감해지고 게시물에 활용할 수 있는 정보를 얻을 수 있다.

도표 4-9 엑스 '실시간 트렌드' 내의 트렌드 탭

'언급 유도 메서드'의 구성 요소로서도 이야기했던 'UGC 제작 동기' 또한 의식해야 한다. 예를 들면, 연말에 접어들면 화제가 되기 쉬운 '설음식' 관련 정보를 6월이나 7월에 화제에 올리려고 해도 좀처럼 관심을 가져 주지 않을 것이다.

이처럼 '어떻게 UGC를 만들도록 할 것인가'뿐만 아니라 어떤 타이밍에, 어떤 사람들이 소재를 공유할지에도 관심을 쏟자.

인수분해를 이용하여 아이디어를 고안하는 방법

UGC를 늘리기 위한 아이디어를 낼 때는 인수분해를 해 보면 간단히 정리된다.

예를 들면, '총 UGC 수 = 언급 맥락 수 × 언급률' 공식을 만들 수 있다. 이를 쉽게 풀어 이야기하면, 'UGC의 소재 수' × 'UGC를 만들고 싶어지는 동력'이라고 할 수 있다. UGC가 늘어나지 않는다면, 'UGC의 소재 수가 적었나. 그럼 조금 더 소재를 늘려 볼까?'라고 생각하여 타개책을 찾아보자.

'언급률'은 더 나아가 '언급 동기' - '언급 장벽'으로 분해할 수 있다. 언급 동기는 즉 'UGC를 만들고 싶어지는 동기'이고, 언급 장벽은 'UGC를 만들고 싶지 않아지는 동기UGC 제작에 대한 장벽'이다.

예를 들면, '나 신축 집을 샀어!'라고 게시물을 올린 동기는 '평생에 한 번 있는 일이니까 자랑하고 싶다'라는 마음에서였을 테니 언급 장벽이 낮았을 것이다. 여기서 주목할 점은 아무리 언급 장벽이 없어도 애초에 언급 동기가 없으면 UGC를 만들지 못한다는 것이다. 원래부터 언급 장벽이 높은 상품 카테고리라면 어떤 계기가 있을 때 UGC가 늘어나기 쉬운지를 검토하고, 식품 등 언급 장벽이 낮은 상품 카테고리라면 어떤 소재가 있으면 언급 동기를 늘릴 수 있는지 판별할 때 인수분해를 활용해 보자.

'총 UGC 수 = 총 발화 수 × 출현율'로 인수분해할 수도 있다. 이는 전 세계의 다양한 커뮤니티에서 오가는 대화 속에서 그 화제가 나타나는 '확률'에 주목한 것이다. '세상 사람들은 지금 어떤 소재로 이야기하고 있을까? 그 대화에 자연스럽게 끼어들 수 있는 맥락을 만들자.' 혹은 '이러한 트렌드에 민감한 사람이 많은가? 그럼 그것을 반영하여 상품을 만들어 보자.' 이처럼 더욱 구체적인 아이디어가 떠오를 것이다.

디저트 가게라면, 예를 들어 '민트 초콜릿'의 유행에 맞추어 자사 상품으로 민트 초콜릿 아이스크림을 출시하면서 SNS 게시물에 '민초파'라는 해시태그를 달고 민트 초콜릿을 좋아하는 사람들의 대화에 끼어드는 식으로 접근하는 방법도 있겠다.

도표 4-10 UGC 수 최대화를 위한 인수분해

---

① 총 UGC 수 = 언급 맥락 수 × 언급률
언급률 = 언급 동기 - 언급 장벽
② 총 UGC 수 = 총 발화 횟수 × 출현율
③ 총 UGC 수 = 발화자 × 발화 횟수

또 '총 UGC 수 = 발화자 × 발화 횟수'로도 인수분해를 할 수 있다. '총 UGC 수 = 총 발화 횟수 × 출현율'과 달리 UGC를 만들어 주는 한 사람 한 사람에게 주목한 공식이다. 가령 UGC 수가 점점 감소해서 분석해 봤더니 UGC를 올리는 발화자 수가 줄었다고 하자. 이때는 UGC의 계기가 될 수 있는 게시물을 늘려 보는 등 대책을 마련하는 데 도움이 될 수 있다.

발화 횟수에 관해서도 'UGC를 한 번 만들어 줬으니 됐어.'라고 생각하지 말고 'UGC를 두 번이고 세 번이고 만들어 주도록 할 만한 방법이 없을까?'라고 모색해 보자. 구체적인 방안으로 다른 계정의 UGC에 '좋아요'를 누르며 순회하여 자사 브랜드에 더욱 호감을 느끼도록 하거나, UGC의 소재로 쓸 수 있는 화제 수를 늘려 화제의 인지를 높이는 방법 등을 들 수 있다.

다양한 인수분해 공식을 이용하여 요소별로 확인하다 보면 '이 발화 횟수는 조금 더 늘릴 수 있겠는데? 1인당 UGC 수를 최대로 늘릴 수 있는 아이디어를 내보자.', '이 언급 맥락 수의 요소는 한계가 있으니 방향을 바꾸자. 하나하나의 소재를 강화해서 언급률을 높이자.' 이처럼 분해한 요소 중 어디에 개선 여지가 있는지 정리하거나 상황을 파악하기 쉬워진다.

고객 여정에서 UGC를 늘릴 수 있는 순간을 찾는다

소비자가 상품이나 서비스를 구매하기까지의 과정을 시간 순서대로 나타낸 '고객 여정'에서도 UGC가 만들어질 만한 맥락을 찾을 수 있다. 여행을 예를 들자면, '여행 전, 여행 중, 여행 후' 단계로 나눌 수 있다.

여러분이 광고 대행사에 근무하는데, 여행사에서 '홋카이도 관광 상품을 더 많이 팔고 싶다'는 의뢰를 받았다면, 단계별로 어떤 UGC가 만들어질지 생각해 보자.

여행 전 단계라면 '나 홋카이도에 여행 갈 거야.', '다음 달에 홋카이도에 가면 이 가게에도 가보고 싶어.' 이와 같은 UGC를 기대할 수 있다. 이러한 계기로 UGC를 올리도록 정보를 제공하거나 제안을 함으로써 여행 전의 UGC를 늘려 홋카이도 여행에 관한 매력을 전할 수 있다. 구체적으로는 '#홋카이도에서_해보고_싶은_일'이라는 해시태그로 주제를 제시하여 UGC를 올리도록 촉진하는 방법이 있을 수 있다.

여행 중 단계에는 관광 명소에 포토존을 마련하면 UGC를 만들기 쉬워질 것이다. 이때 사진이나 동영상을 촬영할 기회를 늘리는 방안을 생각해 볼 수 있다. 참고로 여행 중인 모습을 담은 게시물을 실시간으로 올리도록 유도하면, SNS상에서 '지금은 집을 비웠다'라고 공개하는 셈이 되어 빈집털이의 타깃이 될 수도 있다. 이 점에 유의하여 촬영 기회를 제공하는 데서 그치는 편이 바람직할 수 있다.

여행 후 단계에는 "○○에 갔다 왔어요!", "○○ 즐거웠다."라는 게시물을 올리도록 메일 등을 이용하여 "여행은 즐거우셨는지요? 여행의 추억을 SNS에 올려주시면 감사하겠습니다."라고 호소함으로써 UGC를 늘릴 수 있다.

상품의 시장 투입 단계별로 UGC를 늘린다

SNS 프로모션에는 세 단계가 있으며, 각 단계의 특징을 고려하여 마케팅을 진행해야 한다도표 4-11.

티저는 론칭하기 전에 '기대되는 상태'를 만드는 단계다. 예를 들어 한정 메뉴 발매를 예고하는 게시물을 올리거나, 퀴즈 형식으로 기간 한정 상품 패키지를 보여주는 등 사용자가 "뭐야, 무슨 일이야?"라고 관심을 느끼도록 기대감을 주는 연출 등을 해볼 수 있다.

도표 4-11 SNS 프로모션에서 중요한 세 단계

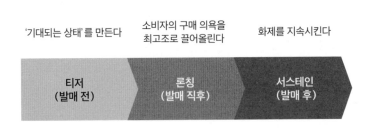

성공적으로 기대감을 주었다면 SNS상에 '기대된다.', '궁금하다.'라는 UGC가 올라온다. 그 게시물을 보고 자사의 상품에 흥미

를 느낀 새로운 사용자가 나타나고, 또 기대된다는 UGC가 올라오도록 기대감이 높아지면서 정보가 확산되는 상태를 목표로 한다.

론칭 단계는 상품에 대한 기대가 가장 높아진 상태다. 사람들의 기분을 고조시켜 화제를 극대화함은 물론이고, '드디어 출시했습니다!' 하고 직접 정보를 올려 주목을 모으는 방법도 효과적이다.

론칭 단계에서 고조된 분위기를 지속시키는 단계가 서스테인 유지이다. 화제를 지속시키기 위해서는 서스테인 단계에서의 기획이 중요하다. 캠페인 실시나 UGC가 늘기 쉬운 해시태그 설계, 인플루언서에 의한 PR 게시물 등을 생각할 수 있다.

이처럼 티저 단계에서 기대를 높이고, 론칭 단계에서 화제를 극대화하고, 서스테인 단계에서 화제의 지속을 도모함으로써 화제의 양을 극대화하고, 프로모션 기간이 끝난 후에도 화제의 양의 전체적인 수준을 끌어올리는 것을 목표로 한다.

덧붙여 말하면, SNS를 분석하여 화제가 되기 쉬운 콘텐츠를 활용하는 것도 중요하지만, 그 이전에 자사의 정보를 확산시켜주는 양질의 팔로워와 사전에 연결고리를 만들어 확산 네트워크를 구축하는 것 또한 중요하다.

UGC 수를 최대화하기 위한 데이터 분석 방법

UGC를 늘리기 위한 계획을 세울 때는 데이터 분석의 힘도 최대한 활용하자.

더불어 UGC에 국한되지 않고 구매할 가능성이 있는 사용자의 클러스터를 조사하고, 그 클러스터에서 어떤 대화를 나누고 있는지를 분석함으로써, 새로운 대화를 유도할 아이디어를 내기 위한 힌트를 얻을 수 있다.

예를 들어 젊은 층을 위한 화장품이라면 '이 화장품을 사용할 가능성이 있는 사용자가 평소에 SNS상에서 어떤 대화를 하고 있는지', '어떤 상품과 서비스를 언급하고 있는지'를 살펴보자. 그로부터 사용자가 언급하기 쉽거나 관심을 보이는 점을 파악하고 그에 맞추어 자사 계정에 올릴 게시물을 준비할 수 있다.

도표 4-12 단계별 화제의 양의 추이 예시

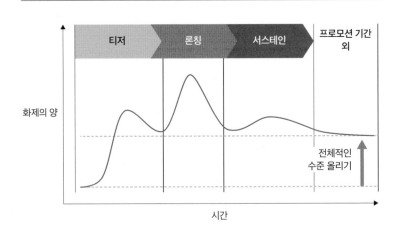

먼저 에고 서치(자신의 평판을 인터넷에서 반복해서 확인하는 행동)를 통하여 UGC 수와 언급되는 방식을 확인한다

UGC를 분석할 때는 먼저 자사 브랜드명으로 검색하여 UGC가 올라와 있는지 확인하자. 어떻게 화제가 되고 있는지를 확인하고 이를 늘려 나가야 한다.

만약 UGC를 찾을 수 없다면 이번에는 상품 카테고리로 검색해 보자. 예를 들어, 여러분이 외국계 로봇 청소기 제조사의 담당자라고 가정해 보겠다. 국내에 진출한 지 얼마 되지 않아 판매 대수도 많지 않고, 프로모션도 별로 진행하지 않았다면, SNS에서 브랜드명으로 검색해도 전혀 UGC를 찾지 못할 수도 있다.

더는 분석할 방법이 없다는 생각이 들 수도 있다. 하지만 여기서 끝이 아니다. 속성을 뽑아내어 상품 카테고리인 '로봇 청소기'로 검색함으로써, 이 상품 카테고리에서는 SNS상에서 어떤 대화가 오가는지, 무엇을 이야기하는지 조사할 수 있다. 만일 '로봇 청소기'와 같은 상품 카테고리로 검색해도 나오지 않는다면 한 번더 속성을 뽑아내어 '청소기'로 검색해 보자.

'로봇 청소기'라는 카테고리 키워드로 검색하면 '이 로봇 청소기 완전 편하다.', '우리 집 로봇 청소기가 소파 다리에 걸렸어. 좀 귀여운걸.' 이와 같은 내용의 UGC를 찾을 수 있을 것이다. 자사 브랜드와 연관된 화제가 없더라도 실망할 필요는 없다. 상품 카테고리 관련 UGC의 내용을 보고 '이러한 가치를 제안하면, UGC를 늘리기 위한 캠페인을 진행할 수 있겠다.' 등 이처럼 아이디어를 내기 위한 힌트도 얻을 수 있을 터이다.

코어 사용자에 초점을 맞추는 '코어 사용자 분석'

코어 사용자란 '특정 상품이나 서비스로 연 10회 이상 UGC를 만든 적이 있는 사람' 등을 가리킨다. 헤비 유저라고 바꾸어 말할 수도 있다. 코어 사용자 분석이란 소셜 리스닝을 통하여 이러한 사용자를 찾아내고, 해당 코어 사용자가 올린 상품이나 서비스와 관련 없는 게시물을 살펴봄으로써 라이프 스타일을 이해하고 코어 사용자가 좋아하는 편익을 발견하는 방법이다.

UGC를 많이 만드는 코어 사용자들로부터 그 브랜드가 어떻게 사랑받는지, 어떤 점에서 지지를 받고 있는지 등 코어 사용자들에게 사랑받고 있는 가치도 찾을 수 있다. 코어 사용자에게 사랑받는 가치를 발견하면, 이번에는 그 가치를 라이트 사용자들에게 제안해 볼 수도 있다.

그 밖에도 코어 사용자가 자사 외에 어떤 계정을 팔로우하고 있는지를 조사하고, 그렇게 알아낸 흥미와 관심에 맞춰 게시물을 올리거나, 흥미를 느끼는 인플루언서를 기용함으로써 팔로워의 기호에 입각한 인플루언서 마케팅을 진행할 수도 있다.

예를 들어 어떤 브랜드에 대한 해시태그 게시물을 올린 적이 있는 사용자 그룹을 분석하자 대부분이 게임이나 애니메이션 관련 계정을 팔로우하고 있었다고 하자. 이러한 사실로부터 이 브랜드의 사용자층에는 게임이나 애니메이션을 좋아하는 사람이 많을 수도 있다고 추측할 수 있다. 브랜드의 신규 고객을 확보하고자 게임이나 애니메이션에 관련된 게시물을 올리면 이를 계기로 UGC가 늘어날 수도 있고, 게임이나 애니메이션을 좋아하는 사람들도 정보를 접하여 자사의 고객이 될 수도 있다.

솔직한 의견을 들을 수 있는
'인터넷 신조어 삼 형제'

격식 없는 발언에서 솔직한 모습이 나타나듯이 인터넷 신조어를 통하여 소비자를 더욱 깊이 이해할 수 있고, 이는 UGC 활용 방법을 계획하는 데도 도움이 된다. 인터넷 신조어란 말 그대로 인터넷상에서 사용되는 속어를 가리키는 말로, 인터넷 사용자의 솔직한 의견을 들을 수 있다.

자사 브랜드나 서비스 명칭에 몇 가지 대표적인 인터넷 신조어를 조합하여 검색하면 솔직하고 개성 있는 사용자의 의견을 들을 수 있다. 이때 조합하는 대표적인 인터넷 신조어를 통틀어 '인터넷 신조어 삼 형제'라고 부른다.

소셜 리스닝에서 활용할 수 있는 '인터넷 신조어 삼 형제'는 다음과 같다. ○○에는 브랜드명이나 상품명이 들어간다.

경칭 검색

일본에서는 구글을 '구글 선생'이라고 부르듯이 친숙한 상품이나 서비스를 SNS상에서 '○○ 선생', '○○님'이라고 칭하기도 한다. 사용자가 이처럼 일부러 존칭을 붙여 게시물을 올릴 때는 감사하거나 존경하는 감정이 넘쳐난다고 할 수 있다. 도움을 받은 이용 경험이 많아서인지 헤어케어나 화장품 등의 상품 카테고리에서 선생을 붙여 부르는 브랜드를 쉽게 찾아볼 수 있다.

상품이나 서비스에 경칭을 붙인 게시물로 범위를 좁혀 검색하면 브랜드가 어떤 점에서 사랑받거나 큰 지지를 받고 있는지 쉽게 파악할 수 있다. 자사 브랜드명을 포함한 '○○ 선생'으로 검색하여 얼마나 많은 UGC가 올라와 있는지 확인해 보자. 한국에서는 주체 못 할 정도로 좋아하는 브랜드나 상품을 표현하는 '○○는 못 참지.'로 검색해 보는 것도 하나의 방법이 될 수 있다.

'~느님', '~님' 검색

'○○느님'이나 '~님'으로 검색해도 브랜드가 어떤 점에서 지지를 받고 있는지 알 수 있다. '~느님', '~님'이라는 말에는 감동의 의미가 포함되어 있으므로 사용자가 어떤 점에서 놀라움을 느껴 브랜드와 상품을 지지하는지 그 이유를 파악할 수 있다. 감정이 넘쳐나는 코멘트에서 얻을 수 있는 힌트는 많다.

예를 들어 엑스에서 '식세기님'으로 검색해 보면 '식세기 덕분에 너무 편리해졌다. 아이가 태어나 식기가 늘었는데도 전혀 힘들지 않다.' 이와 같은 글들이 올라와 있다. 이러한 편익을 아직 식기세척기를 구매한 적이 없는 '새로 아이가 태어난 사람'이나 '곧 3인 가족이 될 것 같은 당신'의 구매 의욕을 자극하는 데 활용하면, '확실히 앞으로 설거지가 힘들어질 수도 있겠어. 시간도 부족해질 것 같고 식기세척기를 사야겠는걸.' 이처럼 자기 이야기처럼 느낄 수 있는 게시물을 작성할 수도 있다.

비슷한 의미로 '○○은 어나더 레벨'로 검색하는 방법도 있다. '어나더 레벨'은 '레벨이 다르다'라는 뜻으로 차원이 다르게 월등히 뛰어남을 표현하는 말이다.

분류	검색하는 워드
경칭 검색	'ㅇㅇ 선생'
'~느님', '~님' 검색	'ㅇㅇ 신' 'ㅇㅇ님'
웃음소리 검색	'ㅇㅇ ㅋㅋㅋ'

웃음소리 검색

인터넷 게시판 등에서 웃음을 표현할 때 'ㅋㅋㅋ'를 사용하는 데서 '웃음소리 검색'이라고 이름 붙였다. 웃음소리 검색은 웃음이 나는 순간의 의견을 들을 수 있다. 따라서 엑스 등에서 다른 사용자를 웃게 하는 게시물을 작성하려면 어떤 맥락을 쓰면 좋을지 알아보는 데 활용할 수 있다.

예를 들어 '홋토링크 ㅋㅋㅋ'로 검색하면 홋토링크에서 진행했던 캠페인 중에서도 웃음을 자아낼 낼 수 있었던 캠페인을 확인할 수 있다. 엔터테인먼트 등 웃음이 중요한 편익으로 이어지는 상품 카테고리를 담당할 때 활용하기 좋다.

이처럼 인터넷 신조어를 구사한 소셜 리스닝을 통하여 감정이 폭발한 순간의 UGC를 포착할 수 있다. 이를 확인함으로써 사용자의 심금을 울리는 요인을 쉽게 파악할 수 있다. 인터넷 신조어 삼 형제 이외의 속어나 젊은 세대의 언어도 활용해 보라. 'ㄱ ㅇ ㅇ 귀여워', '리스펙', '개 감동', '최애', '어나더 클래스' 등으로도 검색해 보자. 이모티콘 검색에서 얻을 수 있는 힌트도 많다.

인터넷 신조어를 사용한 검색 결과를 바탕으로 선호하는 이점/편익을 찾아 입소문을 늘리는 시책/계책을 만들어 가자.

경쟁 브랜드 분석을 통하여 탐색하는 방법

경쟁 브랜드와 비교할 때는 겉으로 드러난 팔로워 수뿐만 아니라 언급 수와 UGC 수 등도 함께 비교하자. 예를 들어 자사 계정이 경쟁사보다 팔로워 수가 많더라도 UGC 수로 비교하면 뒤처질 수도 있다.

가령 '당사 브랜드는 업계에서도 최고의 인지도를 자랑합니다.'라고 주장해도 경쟁 브랜드의 언급 수가 10배 정도 많다면 SNS상에서의 존재감 경쟁에서는 밀리고 있다고 할 수 있다. UGC 수의 비교 등 경쟁 브랜드도 철저히 분석하여 냉철한 현상 파악에 기초한 전략을 수립해야 한다. 동시에 SNS상에서 화제를 모으거나, UGC 기획에도 분석 결과를 반영해 보자.

그 밖에도 UGC 수의 파형 스파이크급상승 분석 기법을 통해서도 힌트를 찾을 수 있다. 예를 들어 상품 카테고리나 브랜드명 관련 UGC 수의 파형이 스파이크 형태로 나타났을 때 경쟁 브랜드가 어떤 수단을 취했는지를 조사하는 방법을 들 수 있다. 흔히 볼 수 있는 '인기 급상승 키워드'처럼 최근 UGC 수가 부쩍 늘고 있는 트렌드를 일으킨 요인을 분석해 보자.

로봇 청소기를 예로 들어보면, 여러 청소기 로봇 제조사명으로 UGC를 검색해 봄으로써 'UGC 수를 늘린 방법'을 조사할 수 있다. 이를 통하여 '이 캠페인을 진행한 직후부터 UGC가 증가했군. 이 캠페인은 UGC를 늘리고 확산시키는 데 효과가 있었는지도 몰라. 자사에도 도입해 볼까?' 혹은 '이 미디어에서 소개된 이후로 단번에 UGC가 증가했어. 이 미디어에서 소개해 주면 단번에 퍼지겠는걸.', '이 청소기 관련 UGC는 기간 한정으로 팝업 스토어를 열었던 시기에 집중적으로 늘어나서 계속 쌓였군. 실제로 매장에서 만져 보면서 직접 브랜드 경험을 한 것이 요인이지 않을까? 그럼 우리도 판매 시즌이 다가오면 한 번 해볼까?' 그렇게 생각해 볼 수 있을 것이다.

더불어 경쟁 브랜드를 분석할 때도 자사 브랜드 분석과 마찬가지로 인터넷 속어 검색과 코어 사용자 분석 방법 등을 활용할 수 있다. 다양한 점에 착안하여 브랜드에 대해 어떻게 이야기하는가, 어떤 대화를 나누는가를 살펴보고, 어떻게 하면 UGC를 만들 수 있는 계기를 제공할 수 있는지 기획하는 데 활용하자.

- UGC 전략 수립과 진행은 '언급 유도 메서드'를 이용하여 도출할 수 있다.

- 담당하는 상품의 '화제'와 '장벽'이 무엇인지 생각해 보자.

- UGC를 많은 소비자에게 전달할 수 있는 '확산 네트워크'로서 어떠한 커뮤니티나 클러스터가 있을지 생각해 보자.

- 소셜 리스닝 기법을 이용하여 UGC를 늘리고 확산시킬 방법을 생각해 보자.

법칙③
단독적인 SNS 계정 운용은
실패한다

계정 운용은 단독으로 설계하지 않는다.
전체를 보며 역할을 정한다

다시 한번 말하지만, SNS 활용=담당자 혼자의 운용만은 아니다. 전체적인 마케팅 전략 중에서 SNS를 어떤 역할로 정하고 활용하는지가 중요하다. SNS 계정 운용을 단독으로 설계하면 안 된다. 전체를 바라보고 설계해야 한다. 트리플 미디어로 말하자면 법칙 2는 SNS의 언드 미디어를 활용하는 이야기였는데, 이번 법칙 3은 SNS 온드 미디어를 마케팅 전략 전체를 생각했을 때 어떻게 활용해야 하는가에 관한 이야기다.

자사 SNS 계정의 운용 방침을 결정하기 전에 SNS 마케팅에서의 '계정 운용'의 역할 설정과 계정을 설계하는 법, 본질적인 요점 등을 파악해야 한다.

입체적으로, 다면적으로 접점을 생각한다

SNS 계정 운용을 기업과 고객의 다양한 접점 중 하나로 인식하자. '어떻게 하면 자사의 계정이 화제에 오를 것인가'보다, '어떻게 하면 고객과의 접점을 입체적이고 다면적으로 생각할 것인가'가 중요하다.

자사 계정에서 올린 게시물 이외에도 고객과 접점을 가질 방법은 있다. 물론 UGC를 통한 인지도 그중 하나이며, 엑스나 인스타그램을 통한 SNS 검색도 이에 해당한다. 20~30대에서는 SNS 검색을 당연시하고 있으며, SNS 계정 자체가 '검색 담당'이 되었다.

자사의 SNS 계정을 UGC를 통하여 인지되는 장소, 검색하여 찾아오는 장소라고 생각해 보라.

사용자가 화제로 삼고 싶어지도록 프로모션을 진행하는 티저 기법정보를 조금씩 공개하면서 기대감을 높이는 기법은 '시기에 출시 예정!'이나 '예약 판매 시작!' 등 홍보 방법을 모색하여 기대심을 부추긴다. 이는 기업 계정에서만 활용할 수 있는 방법이다.

SNS 계정에 팔로워가 많다는 것은 온드 미디어를 많은 사람에게 보여 줄 수 있는 힘이 있다는 의미다. 이 힘을 활용하면 예를 들어 '이 캠페인 관련 게시물을 올려 준 사람 중에서 좋은 게시물을 선정하여 기업 계정에 올려 드리겠습니다.' 이처럼 스포트라이트를 받는 자리를 제공하여 사용자들이 UGC를 활발하게 올리는 장소로도 활용할 수 있다.

기업은 화제 모으기, 참여도 향상 등을 목적으로 삼아 '점'으로 UGC 마케팅을 진행하는 경우가 많은데, 실제 고객은 하나의 SNS 게시물점뿐만이 아니라 SEO와 실제 매장, EC 사이트 등도 포함하여 기업이 진행하는 모든 마케팅 환경면에서 접점을 가지고 구매 여부를 판단한다.

STEP 1 :
매력적인 계정 만들기

우선 프로필을 방문한 사용자가 '팔로우할까'라고 생각할 만한 매력적인 계정을 만들어야 한다.

인스타그램을 예로 들면 최소한 다음의 조건을 갖추어 두자.

- 주제와 비주얼에 통일성이 있는 게시물을 최소한 15개는 올려 둔다.
- 브랜드 해시태그나 계정 태그를 달아 게시물을 올리면 리포스트(리

그램)하여 소개할 방침임을 프로필에 밝혀 둔다.

더불어 계정 콘셉트는 '사람도 AI도' 이해하기 쉽도록 설정해야 한다. 이에 관해서는 법칙 6에서 자세히 다룰 텐데, 추천 시스템에 맞출 필요가 있기 때문이다. SNS 계정을 설계할 때 인간에게도 AI에게도 알기 쉬운 특징을 설정함으로써, 비유하자면 AI가 '이 사람의 열람 데이터나 게시물에 대한 반응 이력을 보면 미용 목적의 눈 성형 장르에 관심이 있을지도 모른다. 그렇다면 지금 팔로우하고 있지 않지만, 이 성형외과의 쌍꺼풀 성형에 관한 동영상을 추천해 주자'고 판단하는 데 도움이 되기 때문이다.

어떤 사람이 셀프 브랜딩의 일환으로 SNS를 활용하여 여러 가지 정보를 올리고 싶다고 하자. 이때 핵심은 '어떻게 자신을 기억하게 할까.', 즉 특징을 분명하게 해야 한다. '오늘 먹은 점심', '오늘의 코디', '가족과 ○○했어요' 이와 같은 개인적인 정보만 올리면 객관적으로 '이 사람은 어떤 사람인가'를 판단할 수 없다.

옷을 좋아해서 옷에 관한 게시물만 올리면 '이 사람은 옷을 좋아하는구나.', '옷에 대해 잘 아는구나'라는 인상을 줄 수 있다. 옷 카테고리 중에서도 특정 브랜드에 관한 정보를 계속 올리면 더욱 세분화된다. 같은 브랜드를 좋아하는 사람이 팔로우하게 되고, 인스타그램의 탐색 탭에도 올라가는 일이 많아질 것이다. '나와 취

향이 같네.', '옷도 잘 입는구나, 팔로우하자.' 그렇게 될 가능성이
커진다.

　물론 개인이 자유롭게 SNS를 사용하는 경우에는 마음대로 정
보를 올려도 된다. 단, 비즈니스 등 어떤 목적을 가지고 SNS를 사
용하는 사람은 계정의 콘셉트, 올리는 정보의 특징을 분명히 해야
AI와 인간 모두와 잘 어울릴 수 있다.

　그리고 초기 설계 중 하나로서 에고 서치를 할 수 있는 이름이
중요하다. 일반 명칭으로 검색하면 검색 결과에 다른 브랜드의 게
시물도 섞이면서 노이즈가 발생하여 자사 브랜드를 찾기 어려워
지기 때문이다. SNS에서 검색하는 시대이니 상품이나 서비스에
관하여 다음과 같은 점을 고려하여 이름을 검토하도록 하자.

- 발음이 쉬울 것
- 입력할 때 부하가 걸리지 않는 문자의 나열일 것
- 온라인으로 검색하기 쉬울 것
- 차별화되고, 독특할 것 (검색 시 노이즈에 묻히지 않음, 인기 급상승
  순위에도 오를 수 있음)
- 간단하고 외우기 쉬울 것
- 읽기 쉬울 것 (글자만 보고 바로 발음할 수 있는가)
- 눈에 띌 것

STEP 2 : UGC 게시물을 올려주는
양질의 사용자와 연결점을 만든다

다음으로 UGC 초기 발생의 시작점이 되어 줄 양질의 사용자를 팔로워로 확보하여 관계를 유지한다. 팔로워 확보의 목적이 'UGC 발생의 시작점 만들기'인 점이 핵심이다.

여기서는 양질의 팔로워를 'UGC를 게재해 주는 사용자'라고 정의한다.

UGC를 올려줄 확률이 높은 사용자는 어디에 있을까? 바로 자사 브랜드와 관련된 카테고리나 브랜드의 해시태그를 달아 게시물을 올리는 사용자다.

자사 브랜드와 관련성이 높은 해시태그를 달아 게시물을 올리는 사용자들은 자사 상품과 관심이 일치하고, 해시태그가 달린 게시물을 올리는 데 심리적 장벽이 없는 사용자층이다. 이러한 사용자들과 소통하고 연결점을 만들자. 양질의 팔로워 기반이 구축되면 유사한 사용자로 넓혀 나갈 수도 있다.

STEP 3 : UGC의 보기가 되는
게시물을 올린다

매력적인 콘셉트를 설정하여 계정을 만들고, UGC를 올려줄 사용자가 팔로워로서 모여들기 시작하면, 다음은 팔로워를 대상으로 UGC의 계기가 될 수 있는 게시물을 올리거나 커뮤니케이션을 취하자. 필자는 UGC의 계기가 되는 게시물을 'UGC의 계기 게시물'이라고 부르고 있다.

이러한 게시물의 예로 '일부러 광고하는 느낌이 나지 않는 상품 이미지를 올린 게시물'을 들 수 있다. 스튜디오에서 전문가가 찍은 사진도 멋지지만, 일부러 초보자가 찍은 듯한, 사용자가 따라 하기 쉬운 이미지를 올리는 것이다. 이를 본 고객은 '나도 이렇게 찍어 볼까?'라는 힌트를 얻게 되고, UGC의 계기로서도 작용한다.

그 밖에도 식품 계열이라면 응용 레시피를 올리는 방법도 있다. UGC를 늘리고 싶은 상품을 사용한 응용 레시피를 몇 가지 올려서 UGC를 만들 계기를 마련하는 것이다. 사용자가 '저도 만들어 봤어요!'하고 따라 한 게시물을 올려 줄 수도 있고, 사용자가 자유로운 발상으로 한층 더 재해석한 레시피를 담은 UGC를 올리기도 한다.

예를 들어 자사 계정에 '이 상품과 참기름을 이용하여 응용 레시피를 만들자.'는 내용의 게시물을 올리자 사용자가 '참기름이 없어서 쌀기름을 사용해 봤다.'는 글을 올렸다고 하자. 이런 게시물은 쌀기름을 좋아하는 클러스터 커뮤니티로 확산될 가능성이 있다.

　기업으로서는 먼저 나서서 '응용 레시피편 참기름 버전', '쌀기름 버전', 나아가 '올리브 오일 버전' 등을 차례차례 올리고 싶어지는 시점이다. 이를 꾹 참고 UGC에 맡김으로써 사용자의 자유로운 발상에 따라 UGC가 늘어나고 확산되어 다른 커뮤니티로 전파될 가능성이 있다. 기업 입장에서 보면 UGC의 제작비가 무료다. 효율이 굉장히 높다는 생각이 들지 않는가?

UGC를 재게시해야 할까, 좋아요를 눌러야 할까, 맞팔로우해야 할까

　계정 운용 담당자가 자주 하는 질문이 있다. '우리처럼 브랜딩을 하고 있는데, 고객의 UGC를 재게시하면 브랜드 세계관이 깨지지는 않을까요?'

　SNS이기에 성립되는 양방향 커뮤니케이션으로 UGC의 재게시리포스트, 좋아요, 맞팔로우 등이 있다. 원칙대로 말하자면, 양방향 커뮤니케이션으로 오히려 브랜드 이미지가 훼손될 듯하면 삼가는 편이 좋다. 예를 들면 동경의 대상이라는 인상을 주어야 하는 럭셔리 주얼리 브랜드가 고객과 공감대를 만들고 거리감을 좁히는 것은 과연 좋은 생각일까? UGC를 재게시할 수 없다면, 그동안 했던 것처럼 앞으로도 창의적인 아이디어를 활용한 광고를 통하여 브랜딩하는 편이 좋다.

브랜드에 따라서는 사용자가 올린 게시물을 재게시하거나 '좋아요'를 누르지 않겠다는 방침을 정할 수도 있다. 브랜드로서 '팔로우/좋아요/재게시/인용/답글회신'을 할 수 있느냐 없느냐에 따라 UGC를 늘리기 위하여 취할 수 있는 수단이 달라진다.

브랜드에 환상적인 이미지를 안겨줄 필요가 있거나, 브랜드를 동경하게 만듦으로써 브랜드 가치가 높아지는 경우라면 사용자와 일정한 거리를 두어야 한다. 이 경우에는 적극적으로 직접적인 커뮤니케이션을 취하면 브랜드를 바라보는 시선이 달라질 수도 있다. 신비로움을 지키며 '쉽게 볼 수 없는 느낌'을 연출하는 편이 좋다.

예를 들면, 애플은 기업 공식 계정 운용에 주력하지 않고, 사람들이 이야깃거리로 삼는 상품 발표회 등 소셜 미디어 마케팅을 펼치고 있다. 브랜드에 맞추어 위치 관계와 거리감을 설계해야 한다.

친근감이 좋은 방향으로 작용한다면 인용이나 답글을 활용할 수도 있다. 이때는 적극적으로 접촉 빈도를 높이고 호의를 형성하는 것이 효과적이다. 일용품이나 엔터테인먼트 등 SNS상에서 커뮤니케이션의 양이 늘어날수록 브랜드 자산도 증가하는 패턴에 해당한다.

사용자는 '좋아요'를 받으면 기쁜 법이다. 고객과 브랜드의 관계를 한 걸음 더 가까워지도록 할 수 있다. 무작정 '좋아요'를 누르면 스팸이나 마찬가지이므로 브랜드에 대해 언급해 주거나 자사 브랜드와 연관 있는 게시물 등을 찾아서 '좋아요'를 눌러야겠다.

음악 업계에는 아티스트 본인이 "오직 팬에게 '좋아요'를 주기 위한 계정"이라는 것이 있다. 아티스트나 곡에 관한 UGC를 에고 서치로 찾아 적극적으로 '좋아요'를 누르며 소통하는 전술이다. 사용자는 '좋아요'를 받았다는 알림을 받기 때문에 더욱 애착을 느끼게 되는 효과가 있다.

기업 측에서 원활하게 '좋아요' 순회를 돌기 위해서도 앞서 설명했듯이 브랜드명이나 계정명은 에고 서치하기 쉬운 이름이어야 한다.

이처럼 소셜 커뮤니케이션과 브랜드 가치의 관계를 고려하여 커뮤니케이션을 취하자.

록 밴드 '린토시테시구레'의 드러머 피에르 나카노 씨가 개발에 참여한 이어폰, 일명 '피어폰'의 사례를 소개하고자 한다. 피어폰은 이어폰을 잘 모르는 사람도 한 번 듣고 음질 차이를 느낄 수 있는 높은 퀄리티가 주목받으며, SNS를 기점으로 폭발적인 인기를 얻었다. 수많은 상을 휩쓸 정도로 히트 상품이 되었다. 피에르 나카노 씨는 UGC사용 후기를 발견하면, 즉시 재게시하고 있다.

[피에르 나카노 씨]

첫 모델 발매 때부터 계속 의식적으로 (재게시를) 하고 있어요. 단순히 '내가 받으면 기쁠 것 같은' 일을 하고 있다고 할까요.

―― 나카노 씨는 자연스럽게 ULSSAS의 사이클이 돌아가는 수단을 취하고 있다는 생각이 들었다. 그는 ULSSAS에 대해서 이렇게 이야기했다.

(인터뷰 시 ULSSAS 개념도를 보면서) 처음 알았어요. 제가 하고 있는 일이 딱 이거네요. 마케팅도 일단 조금 공부했지만, '이거 내가 하는 일인데'라는 생각이 드는 점도 많네요.

피어폰은 뮤지션이나 아이돌의 울타리를 넘어 전달되고 있다는 느낌이 들어요. 예를 들어 린토시테시구레로서 다가가면 팬들에게만 닿고, 록 페스티벌에 나가도 페스티벌에 오는 층에만 닿죠. 그런데 피어폰은 음악과 관련이 없는 장르에 계신 분도 써 주시더라고요.

엑스를 검색하니 점점 경계를 넘고 있더군요. 예를 들면 영화나 게임, 이벤트 방송에서 피어폰을 사용하신 분들이 '나랑 정말 잘 맞아.', '귀에 대고 속삭여주는 것 같아.'라고 글을 올리기도 하고요. 그 글을 본 다른 분이 관심을 가져 주는 흐름이 만들어졌어요.

그러다가 눈에 띄는 게시글을 제가 재게시하거나 코멘트하거나 때로는 설명을 달면 또 모두가 관심을 가져 주시고요.

'피어폰이 뭐야?', '피에르 나카노가 프로듀싱하는 이어폰이야.' 이와 같은 새로운 대화가 이루어지기도 하고, 거기에 제가 마음에 들어오나 팔로우를 하기도 해요. 그러면 '마음에 들어요를 받았어! 팔로우해줬어!' 하고 계속 화제로 삼아 주시고, 구매해 주시죠. 이런 일도 일어나고 있어요.

피어폰에 대해 질문을 받으면 거기에도 액션을 취해요. 고객지원, 영업, 개발, 모든 과정에 깊이 관여하고 있는 듯해요.

장점은 정말 많죠. 일상적으로 사용자와 접하고 있어서 개발에 관한 많은 피드백을 얻을 수 있어요. '사용자는 이렇게 생각하는구나.', '이 부분은 조금 더 편하게 사용하도록 개선할 수 있겠구나.' 하고요. 그러면 또 다음 피어폰의 방향성도 결정할 수 있으니까요.

다음은 비닐봉지 제품 아이랩의 엑스 계정 사례를 소개하겠다.

[아이랩]

당사는 많은 광고비를 들일 수 없습니다. 그래서 필요한 것이 있으면 이것저 것 아이디어를 내 봅니다. 글을 올릴 때 중요하게 생각하는 점은 '사람들의 생활을 풍요롭게 할 수 있는' 정보입니다. 팔로워 여러분에게는 각자의 생활이 있습니다. 여러분과 저를 연결하는 축으로서 아이랩이 존재합니다. 그렇기에 '이 사용자분이 올린 사용법을 다른 분들도 알면 더욱 생활이 풍요로워지지 않을까' 싶은 게시물을 발견하면 바로 재게시합니다. 반대로 '이렇게 사용하면 위험할 수도 있다' 싶을 때는 다른 분들이 따라 하지 않도록 코멘트 등을 통하여 지적하기도 합니다.

계정을 만들고 시행착오를 겪으면서 운용하다 보니 '아이랩이라는 계정이 재미있네'라고 인지하게 되면서 '사 봤다', '이렇게 활용해 봤다'라는 UGC가 만들어지게 되었습니다. 그러면 제가 UGC를 재게시합니다. 이런 사이클이 눈덩이가 커지듯 쌓인 결과 지금에 이르지 않았나 싶습니다.

될 수 있는 대로 폭넓은 층이 인지해 주셨으면 좋겠어서 UGC를 늘리기 위한 전략의 하나로 해시태그를 이용하여 동아리 활동을 하듯이 게시물을 올리고 있습니다. 예를 들면, '#공식_BBQ동아리' 이벤트를 개최하여 각 기업의 계정에서 가지고 온 정보를 올렸습니다. 그 밖에도 아이랩 '이외'의 화제에 주목했습니다. 앞서 말씀드린 해시태그나 동아리 활동, 제 취미에 관한 글이죠.

이러한 정보를 계기로 어떤 분이 '이런 상품이 있었구나. 그런데 우리 집 주변에서는 구할 수 없을 것 같아.'라고 글을 올렸습니다. 그 글을 본 제가 '여기서 팔아요!'라고 답글을 달았습니다. 아이랩의 공식 계정이 상품 정보를 전달할 뿐만이 아니라 사용자에게 다가가는 존재가 되었으면 좋겠다는 생각을 항상 합니다. 어찌 보면 영업사원 같은 활동은 하는 셈이죠.

'개인 계정'의 활용을

EC의 브랜드 계정 이외에도 '개인 계정'을 활용하는 방법도 있다. 여기서 말하는 개인이란 생산자를 말한다. 브랜드를 운영하는 대표자, 매장 주인과 점장도 이에 해당한다.

보통 통신 판매 사이트의 공식 계정에서 올리는 글보다 생산자가 올리는 글이 공감을 불러일으키거나 공유되기 쉬운 경향이 있다. 사용자의 입장이 되어 보면, 브랜드의 SNS 운용 담당자보다 생산자와 직접 이야기를 나누거나 이야기를 듣고 싶은 마음이 있을 것이다. 특정한 사람만 할 수 있지만, 단점만 있는 것은 아니다. 장점도 있다. EC의 스몰 비즈니스라면 더더욱 그렇다.

현재는 제품 하나로 차별화할 수 있는 시대도 아니다. 이만큼 OEM과 EC 플랫폼 서비스가 보급되면 비슷한 제품이 넘쳐난다.

사용자는 제품만 보면 살 이유가 없다고 느낄 수도 있다. 당신의 비즈니스 성장 스토리에 동참하고 싶다거나 등장인물로서 참여하고 싶다라는 동기로 상품을 사기도 한다. 이를 응원 소비라고도 한다.

'기름도 마실 수 있는 돼지고기'로 유명한 이바라키현 반도시에서 약 7,000마리의 돼지를 사육하며 EC 사이트도 운영하는 야마니시 목장의 사례를 소개하겠다. 고품질 기름과 누린내가 없고 떫은맛이 나지 않는다는 고품질 돼지고기는 '마실 수 있는 기름'이라는 평을 받으며 많은 지지를 받고 있다. 2018년에는 식용육품평회인 도쿄 식육시장 돼지지육공려회의 우량상을 수상했다.

[야마니시 목장 공식]

@ymnsfarm

https://twitter.com/ymnsfarm

[대표이사 구라모치 씨]

@yamanishifarm

https://twitter.com/yamanishifarm

돼지고기라는 차별화가 어려운 상품을 어떻게 사람들의 사랑을 받는 브랜드로 키웠을까. 필자들이 저예산으로 시작한 구라모치 씨의 도전 이야기를 취재하였다[4].

요약하면 다음과 같은 내용이다. 구라모치 씨의 SNS 계정과 UGC, 고객과 교류하는 모습도 들여다보기를 바란다.

- EC 성장을 위해 큰 시장인 도쿄를 노렸다.
- 처음에는 도쿄 내의 다양한 이벤트에 참가하여 카레를 나눠주는 등 사람들과 직접 만나서 이야기를 나누며 인지를 얻었다.
- 그렇게 꾸준히 늘어나게 된 UGC에 좋아요를 누르고, 재게시하여 확산하거나, 인용으로 감사하는 마음을 전했다.
- 'SNS에 올려주세요'라고 먼저 말하지 않도록 유의하고 있다.
- 맛있어 보이도록 사진 찍는 법도 연습했다.
- 무엇보다도 고객이 '야마니시 목장의 돼지는 특별하다'라고 여겨 주고, 사랑받을 수 있도록 정성을 다해 상품을 만드는 것을 중요하게

---

4 야마니시 목장·구라모치 노부히로 씨 #오늘의 UGC
https://www.hottolink.co.jp/column/20220519_111467/

생각한다.

이 사례를 바탕으로 바로 도입하여 실천할 수 있는 방법을 소개하겠다.

1. 브랜드나 EC 사이트 계정과는 별도로 개인 SNS 계정도 만들자.
2. 브랜드명으로 에고 서치하자.
3. 에고 서치에서 좋은 UGC를 발견하면 개인 계정에서 좋아요 & 재게시를 하자.
4. 가능하다면 답글로 '감사합니다' 하고 감사 코멘트도 직접 전하자.
5. UGC를 올려준 사람을 팔로우하자. 분명 맞팔로우해줄 것이다. 거기서부터 관계성을 이어 나가자.

첫 구매 후 메일 매거진이나 메신저 앱 등록도 관계를 유지하는 데 효과는 있지만, SNS에서 팔로우 & 팔로워 관계를 맺으면 마음의 거리가 가까워진다.

해시태그 검색 결과도 참고가 될 것이다. 해시태그가 달린 UGC를 전혀 찾을 수 없다면 우선 자신의 게시물에 해시태그를 달면 된다. 위에서 소개한 1번부터 5번까지 순서대로 작은 행동을 쌓고, 깊은 유대를 만들어 가자. 거기서부터 서서히 퍼져 나간다. SNS는 부담 없이 실험할 수 있는 미디어다. 여기서 소개한 방법을 시험해 보며 성공 패턴을 찾아가자.

마지막으로 나고야에 새로 탄생한 호텔로, 많은 UGC를 만들어 내고 있는 닛코 스타일 나고야의 사례를 소개한다.

[닛코 스타일 나고야]

호텔업계는 OTA(온라인 트래블 에이전트, 인터넷으로만 거래하는 여행 회사) 상에서의 평가에 따라 매출이 크게 좌우됩니다.

각 여행 사이트의 평가 기준에서 중요한 것이 고객의 이용 후기 평가입니다. 좋은 이용 후기 평가를 늘리는 하나의 수단으로 SNS를 활용하기로 했습니다.

일반분들도 포함하여 올려주신 UGC 내용을 보면, 아주 멋진 사진을 찍으시는 분들이 많구나 하는 생각이 들었습니다. 호텔에서 카메라맨에게 의뢰하여 종이 매체용 요리 사진을 촬영한 적은 있었습니다. 하지만 '인스타 갬성'이 담긴 사진을 찍어 본 경험은 거의 없어서 전문가에게 의뢰하려고 해도 어떻게 해야 하는지조차 몰랐습니다. 그러다 인스타그램에 멋진 사진을 올리는, 호텔을 이용하신 분들의 사진을 빌리자는 생각이 들었습니다. 실제로 연락해서 촬영자 계정을 크레디트로 명시하고 싶다고 상의했죠. 그러자 대부분의 분들이 기꺼이 사진을 제공해 주셨습니다.

한편, SNS를 운용하면서 기존에 알고 지내던 호텔 러버분들 이외의 인플루언서를 초대한 적은 없습니다. 오히려 그런 제안이 들어오면 거절하고 있습니다. 호텔을 이용해 주신 고객님이 멋진 사진을 찍어주시니 그런 분들을 더욱 뒷받침하고 싶다는 생각으로 계속하고 있습니다.

그 밖에 UGC가 만들어질 수 있도록 호텔 오리지널 디저트에 힘을 쏟고 있습니다. 특히 1월 17일~2월 28일 동안 기간 한정으로 발매한 '딸기 디저르'는 닛코 스타일 나고야의 고객분들에게도 큰 호응을 받았습니다.

나고야, 아이치, 도카이 지역에서 유명한 음식 관련 인플루언서로 nagoya.m 씨라는 분이 계십니다. 그녀는 꽤나 엄격하시죠(웃음). 실제로 먹어 보고 맛이 없다고 생각한 디저트를 평하하는 글을 올리는 일은 없습니다. 대신 디저트 이외의 요소(가게의 분위기나 서비스 등)를 칭찬합니다. 언급하지 않는다는 것은, 즉 그런 뜻이죠(웃음). 좀처럼 맛있다는 말을 하지 않는 그녀가 이 딸기 파르페는 맛있다고 호평했습니다.

그녀가 파르페를 칭찬하는 글을 올려주셨을 때는 아마도 그녀의 팬일 사용자분들이 팔로우를 많이 해주셨습니다. 판매 기간에 팔로워가 약 150명 늘었거든요. 그리고 그녀는 레스토랑 이상으로 호텔을 좋아해 주고, 반드시 인스타그램에 사진을 올려주는 등 저희 호텔을 굉장히 추천해 주십니다. 그녀가 호텔에 대해 글을 올리면 그 주말에는 카페가 거의 만석이 되기도 합니다. 영향력이 있는 분이 PR이 아닌 한 명의 팬으로서 정보를 올려주시는 것이 큰 포인트입니다.

고품질 서비스를 계속 내놓는 것이 결국 양질의 UGC로 이어짐을 실감하게 하는 사례다. 하나의 SNS 계정만 운용하며 기업에서 일방적으로 정보를 올릴 뿐인 접근 방법에 그치지 않고, UGC 발생 및 확산을 촉진하기 위한 계정 운용, 사용자와의 양방향 커뮤니케이션 등도 구사하자.

- 단독 계정 운용을 하고 있지 않은지 확인하자.

- ULSSAS가 돌아가는 계정 운용에도 유의하자.

- 공식 계정의 커뮤니케이션 가이드 라인을 정리해 보자. UGC를 재

  게시할지, 맞팔로우할지 등을 생각해 보자.

법칙④
플랫폼의 특성을 이해하면
동영상이 늘어난다

화제의 동영상 플랫폼은 목적에 따라
나누어 쓰는 것이 핵심

인터넷은 그동안 텍스트 콘텐츠가 주류였지만 통신 환경의 진화 등으로 동영상도 원활하게 볼 수 있게 되었다. 최근에는 동영상 플랫폼을 활용하는 기업이 늘고 있다. 특히 짧은 동영상과 라이브 방송은 새로운 마케팅 수단으로 도입되기 시작했다. Z세대를 대상으로 수단으로도 주목받고 있다.

그렇지만 단지 '유행하고 있으니까'라는 이유로 동영상을 활용하면, 동영상의 장점을 최대한으로 살릴 수는 없다. 먼저 짧은 동영상의 특징부터 살펴보겠다.

짧은 동영상의 특징

주요 짧은 동영상숏폼 미디어로 틱톡을 들 수 있다. 인스타그램에는 '릴스', 유튜브에도 유튜브 쇼츠가 있다.

짧은 동영상의 특징은 개별적으로 최적화된 콘텐츠가 나온다는 점이다. 요리 동영상만 보는 사람에게는 요리 동영상만 나오고 아웃도어 용품만 보는 사람에게는 아웃도어 용품 동영상만 나온다.

기업 입장에서 보면 사용자에게 맞는 동영상을 추천하는 알고리즘으로 단기간에 조회 수가 폭발적으로 증가하기 쉽다는 특징이 있다. 따라서 쉽게 고객과 접점을 가질 수 있다는 강점이 있다. 스마트폰으로 시청한다는 전제로 동영상을 제작하기에 세로형 동영상이 주류를 이룬다.

본래 짧은 동영상을 취급하는 플랫폼은 대부분 올린 동영상의 장르가 정해져 있으면, 그 장르를 좋아하는 사용자의 피드갱신되는 화면에 표시되는 구조로 이루어져 있다. 따라서 게시자의 팔로워 수와는 무관하게 조회 수가 늘어나는 일도 많다.

일반적인 유튜브 동영상 등 긴 동영상과 비교하여 동영상의 길이가 짧아서 상품그중에서도 무형 상품이나 패키지 등 외형에 특징이 없는 것의 매력을 충분히 전하려면, 동영상의 구성과 메시지를 잘 계획해야 한다.

지금부터 각 플랫폼의 짧은 동영상의 특징에 대해 살펴보겠다.

틱톡의 특징

틱톡은 요즘들어 젊은 층을 중심으로 크게 유행하고 있다. 짧은 동영상에 특화된 플랫폼으로, 2022년 세계 앱 다운로드 순위 1위에 빛났다[5].

틱톡 내에서 사용할 수 있는 음원에 맞춰 춤을 추거나 오리지널 안무를 하는 동영상이 붐을 일으켰고, 이제는 트렌드 음원에 맞춰 브이로그나 레시피 동영상, 교육 콘텐츠 등 폭넓은 장르의 동영상을 올리는 사람들이 속출하고 있다. 최근에는 기업 계정도 증가하고 있어 트렌드에 맞춘 동영상을 올려 브랜딩이나 젊은 층의 인지를 얻는 데 성공한 사례도 볼 수 있다.

---

5 2022년 세계 앱 순위, 틱톡이 6억 7,000만 DL로 1위에 (Forbes JAPAN Web 공개일 : 2023년 1월 5일)
https://forbesjapan.com/articles/detail/53316/page1

유튜브의 특징

2020년 9월에 출시된 'YouTube Shorts유튜브 쇼츠'는 기존의 롱폼 주체의 유튜브 동영상과는 달리 60초 이내의 짧은 동영상을 다루고 있다. 올라오는 동영상의 장르는 다양한데, '긴 동영상의 클립 영상'을 많이 볼 수 있다.

틱톡과의 차이점으로, 동영상의 주체가 음악이 아니라는 점을 들 수 있다. 음악을 주체로 한 밈[6]은 비교적 적지만, 인기 포맷을 흉내 낸 형태로 밈이 발생하기도 한다. 이 경우 다른 채널의 포맷을 참고하면서도 자기 채널의 독자적인 특징이나 가치를 도입하여 제작하는 경우가 많다.

유튜브에는 메뉴 중에 '구독' 항목이 있으며, 새로 올린 동영상을 구독자에게 알릴 수 있다.

---

6 밈 : 본래는 특정 행동이나 아이디어, 스타일 등 문화적 요소가 사회로 전염되어 퍼지는 과정을 일컫는 말이다. SNS에서는 사용자가 흉내 내거나 조금씩 바꾸는 것을 즐기면서 퍼져 나가는 이미지나 동영상, 표현, 행동 등을 가리킨다.

채널 운용자가 올린 신규 동영상에 대한 반응이 좋으면 플랫폼에 좋은 반응을 보인 사용자 그룹의 데이터가 축적되고, 새로운 동영상이 올라오면 해당 사용자 그룹에게도 동영상이 추천되어 재생 수가 증가하는 선순환을 만들어 낼 수 있다.

하루에 유튜브 쇼츠로 업로드되는 동영상 수는 틱톡보다 적은 것으로 보인다. 틱톡에 비해 무형 상품이나 학습 관련 콘텐츠가 선호되는 경향이 있는 점과 설명란에 URL을 첨부할 수 있어 외부로 유도하는 데도 적합한 점도 특징으로 들 수 있다.

인스타그램 릴스의 특징

2020년 8월에 인스타그램에 추가된 '릴스'는 짧은 동영상 형식의 콘텐츠를 만들고 게시할 수 있는 기능이다.

릴스에서도 맛집과 미용, 패션 등 '인스타 갬성이 담긴 장르'에서 조회 수가 증가하는 경향이 있다. 틱톡이나 유튜브 쇼츠에서는 아름다운 여성이나 멋있는 남성이 걷고 있을 뿐인 동영상의 조회 수가 올라가는 일은 별로 없지만, 릴스에서는 쉽게 지지를 얻을 수 있다.

짧은 동영상 공략을 위한 사례 소개

긴 동영상으로 100만 조회 수를 달성하기란 상당히 난이도가 높지만, 쇼츠 동영상은 기술만 있으면 100만 조회 수도 달성할 수 있다.

하지만 조회 수만 채워서는 의미가 없다. 예를 들면, 제조사가 상품도 소개하지 않고 '사원이 춤을 춰 보았다'와 같은 동영상으로 화제가 되어도, 시청자가 상품에 흥미를 느끼거나 사고 싶다는 생각이 드는 일은 없을 것이다.

SNS 동영상을 이용하여 매출 증가인지 확대를 달성하고 싶다면, '자사 상품과 잘 맞고 조회 수가 올라가는 동영상 포맷 × 검색으로 이어지는 인지'의 곱셈 공식을 떠올리면 된다.

라이슨LITHON 공식 채널7이 바로 이 패턴에 해당한다. 채널 구

---

7 라이슨 공식 채널 https://www.youtube.com/shorts/rZJt0vxUb60

독자가 30만 명이 넘는 라이슨은 자사의 상품인 조리 관련 아이템을 이용한 동영상을 제작함으로써 브랜드 인지도를 높이는 데 성공했다.

동영상을 계속 같은 포맷으로 올리거나 사원이 출연하는 등 라이슨의 팬을 탄생시키는 아이디어가 곳곳에 숨어 있다.

조리 아이템과 잘 어울리고 조회 수가 올라가는 포맷회사 내에서 갑자기 요리를 시작한다 × 동영상 내에서 조리 도구를 사용하여 자연스럽게 흥미를 유도하는 콘텐츠 설계라고 할 수 있다.

쇼츠 동영상의 특성을 살려 인지를 얻는 계기를 만들고, 짧은 동영상이면서도 구성을 잘 짜서 상품의 편익을 확실하게 전할 수 있다면 검색으로도 이어질 수 있다. 동영상을 올려도 변화가 보이지 않는다면 자사 상품과 무관한 동영상으로 인지되고 있을 수도 있다.

짧은 동영상의 조회 수를 늘리는 방법

우선 동영상 플랫폼의 수익 구조를 염두에 두도록 하자.
동영상 플랫폼의 입장에 서서 설명하겠다.

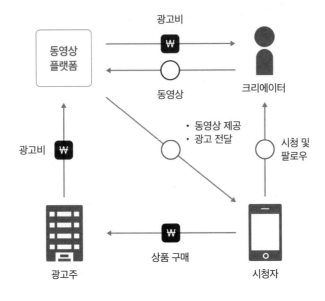

- **동영상 플랫폼이 매출을 늘리기 위해서는……**

  → 광고 수익을 늘린다

- **광고 수익을 늘리기 위해서는……**

  → 동영상 플랫폼 이용자 수 및 이용 시간을 늘린다

- **동영상 플랫폼의 이용 시간을 늘리기 위해서는……**

  → 활성 사용자 수 × 이용 빈도 × 평균 이용 시간

- **동영상 플랫폼이 추구하는 크리에이터의 특징이란……**

→ 사용자를 불러 모은다

→ 사용자를 붙들고 있는다

- 동영상 한 개의 재생 시간을 최대로 늘리기 위해서는 다음의 두 가지가 중요하다

  동영상의 길이 × 시청 완료율

  길이 조정 × 처음 1초에 흥미를 끈다 × 싫증 나지 않게 하는 방안

도표 4-16 동영상 한 개의 재생 시간을 최대로 늘리는 핵심

동영상 한 개의 재생 시간 및 만족도 모두를 극대화하기 위해 의식해야 할 점

- 긴 동영상을 끝까지 시청해 준다
- 도움이 되는 동영상이어서 반복해서 보고 싶어진다
- 분량은 짧지만 끝까지 시청해 준다

- 길이가 길어 도중에 싫증이 나 버린다
- 니즈가 없는 동영상 주제
- 처음 1초 동안 흥미를 느끼지 못한다

이 모두를 종합하면 동영상 게시자_{크리에이터}는 '동영상 한 개의 재생 시간 및 만족도 모두의 극대화'를 목표로 해야 한다고 말할 수 있다. 단순히 동영상의 분량을 늘린다고 되는 것이 아니라, '끝까지 시청하고 만족할 수 있는지'를 중시하자.

'처음 1초 동안 흥미 끌기', '싫증 나지 않게 하는 방안'으로 조회

수가 많은 동영상이나 채널의 포맷을 참고하는 방법도 추천한다.

'단나고항@danna_gohan31'의 쇼츠 동영상 사례[8]를 바탕으로 시청 완료를 목표로 할 때의 노하우를 소개하겠다.

동영상을 올린 사가라 씨는 이렇게 이야기한다.

조회 수를 늘리는 데 필요한 것 중 하나로 '완전 시청률 올리기'를 들 수 있습니다.

시청 완료하는 사용자가 늘어남에 따라 동영상의 총 재생 시간이 늘어나고, AI가 "고품질 콘텐츠"로 판단하여 추천 영상에 뜨기 쉽습니다. 특별히 흥미를 느끼지 못하면 바로 넘겨 버리는 처음 1~2초가 관건입니다. 어떻게 재생 직후에 관심을 끌어 시청 완료하게 하느냐가 핵심입니다.

(시청 완료를 위해) 처음 1~2초에 관심을 끄는 데는 다음과 같은 세 가지 포인트가 있습니다.

① 자신이 누구인지 어필 포인트를 섞어 말한다 = 타깃의 관심을 끈다
② 완성형을 처음에 보여주고 2초 이후에 '완성까지의 여정'을 보여준다 = 끝까지 보고 싶어지는 방안
③ 매력적인 장면을 담아 ②의 효과를 강화한다(레시피라면 입맛당기는 ASMR에 신경을 쓴다)

---

8 단나고항(@danna_gohan31) 동영상 게시자 : 사가라 나쓰키
https://www.tiktok.com/@danna_gohan31/video/7192178184203422977

①에 대해서는 '단나고향으로 9kg가 빠졌어요'라는 실적이 있는 사람임을 어필하고 있습니다. ②에 대해서는 싫증 나지 않도록 0.5초마다 동영상 장면을 전환하는 편집 방식으로 이탈을 방지합니다. 이처럼 싫증 내지 않고 볼 수 있도록 편집한 덕분에 시청 완료율이 높지 않은가 싶습니다. ③에 대해서는 세세한 동영상 편집 기술뿐만 아니라, 레시피 동영상에서는 입맛 당기는 'ASMR'이 중요해서 잘 전해지도록 유의하고 있는 점도 포인트입니다.

라이브 방송의 특징

코로나19 사태로 '집에서 보내는 시간'이 늘어나면서 '라이브 방송'이 마케팅 수단으로 주목을 받았다. 라이브 방송은 시청 사용자와 친밀하게 소통할 수 있는 것이 가장 큰 강점이다. 플랫폼 대부분에서는 코멘트를 할 수 있어서 방송 진행자가 코멘트에 답하며 진행하면, '나도 코멘트 해 볼까?' 하고 콘텐츠 분위기가 점점 고조되어 간다. 인기 라이브 방송 진행자나 브랜드라면, 한 번의 방송을 계기로 '상품이 폭발적으로 팔리는 일'도 흔하다. 라이브 커머스에 대해서는 1장도 참조 바란다.

라이브 방송에는 다음과 같은 강점이 있다.
• 동영상을 편집할 필요가 없다

- 최신 정보를 가장 빠르게 전달할 수 있다
- 현실감이 있어 있는 그대로의 감정을 직접 전할 수 있다
- 실시간으로 시청자의 반응을 볼 수 있다

진행자의 기술에 따라 좌우되기도 하지만, 보다 알기 쉽게 상품의 사용감과 매력을 전달할 수 있어 매출에 대한 기여도도 높다.

물론, 라이브 방송을 하면 무조건 좋은 성과를 거둘 수 있다는 말은 아니다. 라이브 전, 라이브 중, 라이브 후 각 단계에서 놓치면 안 될 점이 존재한다.

소비자 행동으로 보는 라이브 전략

라이브 방송을 시청하는 사용자가 '자주 말하는 부정적인 면'을 정리했다.

- 시청을 시작하자마자 이탈하고 싶어진다
- 라이브 방송의 주제를 잘 모르겠다
- 중간부터 보면, 지금 무엇을 소개하고 있는지 잘 모르겠다
- 말투에 억양이 없고 단조롭고 설레지가 않는다
- 라이브 방송 진행자가 계속 가만히 서 있어서 화면에 변화가 없어 싫증이 난다

- 진행자의 목소리가 작아서 알아듣기 어렵다

- 화질이 나쁘다

- 상품이 전혀 보이지 않는다

먼저 사용자는 라이브를 처음부터 끝까지 계속 보지 않는다는 점을 명심하자. 중간에 들어오는 사람도 있고 관심 없다고 생각하는 순간 이탈하는 사람도 있다. 길거리 라이브를 떠올리면 쉽게 이해되지 않을까. 지나가던 사람의 주의를 끌어 라이브에 끌어들일 수 없으면 그 사람은 그냥 지나쳐 버린다.

라이브 방송을 '홈쇼핑과 비슷하다'고 느끼는 사람이 많을 수도 있다. 하지만 TV와 달리 스마트폰으로 시청하면 사용자가 훨씬 더 이탈하기 쉽다는 점에 주의하자. 리모컨을 든 채로 TV를 보는 것과 마찬가지인 상태다.

라이브 방송도 온라인 접객의 하나라고 인식하고, 고객이 좋아할 만한 커뮤니케이션에 유의하자. 이어서 '라이브 전', '라이브 중', '라이브 후'의 단계로 나누어 라이브 방송 마케팅을 성공시키는 포인트를 소개하겠다. 인스타그램 라이브를 전제로 설명할 텐데, 주로 스마트폰에서 시청하는 다른 플랫폼에서도 공통되는 포인트가 많다.

라이브 전

라이브 방송에서는 특히 사전 준비가 중요하다. 다음의 흐름을 의식하자.

- 라이브 전체의 흐름을 정해둔다(본방송에서 헤매지 않는 것이 목적)
- 라이브에서 소개할 상품을 선정한다(인터넷상에서 쉽게 살 수 있는 상품인지 등)
- 상품별로 무엇을 이야기할지 대략적인 대본을 만들어 둔다
- 가능하면 사전에 1~2회 테스트 촬영을 해 본다
- 테스트 촬영한 녹화 데이터를 되돌려보면서 개선할 점을 찾는다

의류 브랜드 등 구매로 이어지기 쉬운 라이브 방송이라면 공식 계정에서 올린 라이브 공지 이미지를 이용하여 각 담당자가 인스타그램 스토리로 확산하는 방법도 효과적이다. 자신이 출연하는 경우에는 '질문' 스티커를 사용하여 사전에 라이브에 대한 기대를 높여 두자.

EC 사이트상에 라이브 방송 예정인 배너를 공지하거나 SNS 계정과 메일 매거진 등 다른 채널도 효과적으로 활용하자. 사원이 SNS를 이용하고 있다면 공식 계정에서 올린 게시물을 스토리로 리포스트하여 알리는 등 공지에 이용할 수 있는 온드 미디어도 활용하기를 추천한다.

유명해진 브랜드 디렉터나 홍보 담당자, 매장의 인기 점원이 출연하면 고객으로서는 '최애가 온라인에서 접객해 주는 기회'로 다가와 시청 동기를 부여할 수 있을 것이다. 얼마나 많은 고객을 모을 수 있을지도 염두에 두고 캐스팅해보자.

라이브 중

라이브가 시작하자마자 바로 이탈하는 사람을 줄이기 위해, 그리고 도중에 참여한 사용자에게도 방송 내용이 전달될 수 있도록 고정 멘트를 준비하기를 추천한다. 진행자의 캐릭터에 따라 달라지겠지만, 방송에 들어오면 'A 씨 와 주셔서 감사합니다' 하고 말을 거는 방법도 있다.

라이브 커머스라면, 상품의 특징, 가격, 사이즈를 세세하게 전하는 외에도 카메라를 상품 가까이에 가져가 촬영하는 등 '지금 갖고 싶다'라는 생각이 들게끔 하는 방법도 쓸 수 있다. 구매 욕구를 자극하기 위한 세 가지 포인트를 소개하겠다.

첫 번째는 사용자에게 코멘트나 질문을 던지는 방법이다. 코멘트에 잘 대답하거나, 혹은 상품이나 서비스에 대해 걱정되는 점이나 불분명한 점에 대한 질문을 받는다. 질문에 답함으로써 살까말까 망설이는 사용자가 가진 장벽을 제거해 줄 수도 있다.

두 번째는 사용자에게 '지금 사야 하는 이유'를 전달하는 것이다. 다음과 같은 이유를 예로 들 수 있겠다.

- 수량 한정
- 기간 한정 세일이나 쿠폰
- 구매자 특혜(의류라면 인기 담당자가 1대1 줌을 이용하여 사용자의 옷장을 보면서 추천 아이템을 소개하는 서비스를 받을 수 있는 등)

이외에도 열성적인 사용자에게는 '내가 좋아하는 담당자가 진행하고 있으니 라이브 중에 상품을 사 주면 좋아하겠지.'라는 이유도 있을 수 있겠다.

세 번째는 당연한 이야기지만 진행자가 그 상품을 진심으로 좋게 생각해야 한다. 시청자들은 호감이 자연히 드러나는지 아닌지를 쉽게 간파한다. 한번 상상해 보라. 많은 팬이 형성된 KOL^{Key Opinion Leader}이 애정을 담아 제 일처럼 사용자와 상담해 주고, 고객 각자에게 맞는 상품을 추천하면 구매하고 싶어지거나, 구매를 망설이던 아이템을 사는 결정타가 되기도 한다.

진행자가 열성적으로 말을 하도록 라이브 방송에 출연한 담당자에게 인센티브를 주는 등 라이브 방송으로 인한 매출도 평가 기준으로 설계하기를 추천한다.

라이브 후

라이브 방송 후에는 녹화한 동영상을 올리거나 라이브 도중에 진행자와 함께 찍은 사진이나 담당자가 코디했던 사진들을 모아서 보여주거나, 특히 추천하고 싶은 아이템 등을 소개하는 것도 중요하다. 진행자와 서로 사진을 찍어 담당자 계정에서 공동으로 올리는 방법도 추천한다.

더불어 시청자에게 '어떻게 봤는지' 감상 등을 물어보고 다음 라이브 방송을 개선하는 데 활용하자.

라이브 전부터 종료 후까지 일관되게 라이브 관련 게시물을 올리며 적극적으로 시청자와 커뮤니케이션을 취하자. 그렇게 하면 라이브 방송의 효과를 최대로 끌어낼 수 있다.

동영상 SNS에서도 중요한 것은
'무엇을 목적으로 운용하는가'

'접점의 용이성', '콘텐츠의 정보량', '콘텐츠의 자산 가치' 측면에서 SNS마다 다른 특징이 있다.

동영상에 대한 평가가 높으면 공개되고 1년이 지난 후에도 검색 등을 통해 계속 재생되므로 동영상 SNS는 콘텐츠의 자산 가치가 높다고 할 수 있다.

라이브 방송에서는 콘텐츠와 커뮤니케이션이 실시간으로 이루어진다는 데 높은 가치가 있다. 우선 라이브이기 때문에 축제 같은 느낌이 들고, 현장감을 느낄 수 있는 경험에 가치가 있다. 동영상을 아카이브로 저장해 둠으로써 플로_{유동형}에서 스톡_{비축형}으로도 전환할 수 있지만, 웬만한 열성적인 팬이 아닌 한 예전 라이브 방송 동영상을 찾아보는 일은 거의 없을 것이다. 따라서 콘텐츠의 자산 가치는 낮다고 할 수 있다.

따라서 다음과 같이 목적에 따라 나누어 사용할 수 있겠다.

• **짧은 동영상**

　→ 상품 인지 확대에 활용할 수 있다

• **긴 동영상**

　→ 인지 확대와 상품을 얼마든지 소개할 수 있어 브랜드를 이해하고
　　신뢰하도록 할 수 있다

• **라이브 방송**

　→ 이벤트로서 흥미와 관심을 끌거나, 라이브 방송 진행자의 역량에
　　따라 신뢰를 얻거나, 그 자리에서 상품 구매를 촉진할 수 있다

어찌 되었든 중요한 것은 '무엇을 목적으로 운용하는가'이다. 앞으로는 메타버스상에서 어떻게 프로모션을 진행해야 할지

골머리를 앓게 될지도 모른다. 이때도 본질적인 사고방식은 똑같다. 예를 들어 메타버스라면 입체적인 디지털 공간을 활용하여 상품을 보여주는 방법, 커뮤니티를 통한 정보 확산과 경험, 매장에 방문한 듯한 접객 등이 강점이 될 것이다. 판매원이 1대1로 '당신에게 맞춘 특별함'을 느끼게 하는 디지털 접객에서는 더 강한 고객 경험이 특징이다.

이처럼 포맷별 강점을 이해한 후에 목적에 따라 가장 알맞을 수단을 선택하도록 하자.

도표 4-17 각 SNS 동영상의 특성

	긴 동영상	짧은 동영상	라이브 방송
접점을 갖는 용이성	높다	매우 높다	낮다
콘텐츠의 정보량	매우 많다	적다	매우 많다
콘텐츠의 자산 가치	매우 높다	높다	낮다
구분 활용 예시	인지 확대와 상품을 얼마든지 소개할 수 있어 브랜드를 이해하고 신뢰할 수 있도록 한다	인지 확대에 활용한다	이벤트로서 흥미와 관심을 끌거나, 라이브 방송 진행자의 역량에 따라 신뢰를 얻거나, 그 자리에서 상품 구매를 촉진할 수 있다

※ 어디까지나 하나의 기준일 뿐이며, 콘텐츠의 기획 및 구성에 따라서도 좌지우지된다.

▷ **법칙 4의 정리**

• 배우기보다 스스로 익혀라. 만약 틱톡을 사용한 적이 없다면 지금

바로 이용해 보자.

• 짧은 동영상을 만들어 보자.

• 라이브 방송을 시청해 보자.

법칙⑤
팔로워 수로 인플루언서를
고르지 않는다

인플루언서 마케팅으로 좋은 성과를 거두려면 먼저 인플루언서가 담당하는 역할을 이해해야 한다.

인플루언서란

인플루언서에 대해서도 다시 한번 정의해 두자. 요는 '상품 구매에 영향을 미치는 사람'이다. KOLKey Opinion Leader이라고도 부르는데, '이 사람이 좋다고 말한다면 정말 좋은 물건이겠구나.'라는 '보증'을 해 줄 수 있는 인물을 말한다.

인플루언서의 역할에 대해서도 트리플 미디어로 정리해 보면 어떤 상황에서 어떻게 활용해야 할지 파악하기 쉽다.

인플루언서와 협찬

인플루언서 마케팅이라고 하면 인플루언서에게 보수를 주고 게시물을 올리도록 하는, 이른바 '협찬', '제휴 콘텐츠', 'PR 콘텐츠'가 떠오르지 않을까. 이는 페이드 미디어로 활용한 경우다.

SNS 등에서 흔히 볼 수 있는 'PR 협찬'으로 인플루언서 마케팅을 진행할 때는 상품과 인플루언서의 궁합을 고려해야 한다. 팔로워 수가 많다는 이유로 인플루언서에게 의뢰했지만, 전문 분야가 아니라서 구매로 이어지지 않았다…… 이와 같은 설계 오류도 흔히 일어난다.

예를 들면, 날마다 저렴한 화장품만 소개하는 인플루언서가 갑자기 고급 음식점을 소개해 봤자 신뢰도가 떨어진다. 평소에 미쉐린 별이 달린 음식점을 애용하는 인플루언서에게 '고급 음식점에서 손해 보고 싶지 않다면 여기를 추천해요!'라고 말해 달라고 하는 편이 몇 배나 설득력이 있다.

분류	역할
온드 미디어	사원 인플루언서
언드 미디어	친밀한 관계를 구축하여 UGC가 자연 발생 (당사자 의식화, 고품질 UGC, 추천)
페이드 미디어	협찬으로 활용

상품이나 서비스가 구매 욕구를 자극하는 포인트와 인플루언서의 특징이 잘 맞물리면 큰 화제를 불러 모은다. 그 예로 제3장에서도 소개한 미국의 정통 소시지 브랜드인 쟌슨빌에서 신상품 프로모션의 일환으로 진행한 인플루언서 마케팅을 소개한다.

사례 : 상품과 관련성이 높은 인플루언서를 기용하여 성공한 쟌슨빌

미국의 전통 소시지 브랜드 쟌슨빌은 2020년 8월에 신상품 프로모션의 일환으로서 인플루언서 마케팅을 진행했다. 아웃도어 요리로 주목받은 인플루언서 리로시가 감수를 맡아 유명 탤런트가 출연한 동영상을 제작하여 큰 호응을 얻었다.

쟌슨빌의 상품은 원래 수입식품점이나 일본 전국의 슈퍼마켓에서 판매되고 있었으며, 쟌슨빌에서는 지금까지 수입식품점이나 슈퍼마켓 이용자를 의식한 F2층35~49세의 여성, F3층50세 이상의 여성을 타깃으로 SNS 마케팅을 진행해 왔다.

새로 출시한 편의점용 포장 소시지현재는 단종는 전국의 모 체인 편의점에서 판매되며 기존 상품과는 형태도 매장도 달랐다. 주로 남성층이 편의점에서 포장 소시지를 구매할 것으로 예상하여 새로운 고객층을 공략해야 했다.

'언급 유도 메서드'에서도 이야기했듯이 UGC에는 '상품 및 서비스 맥락'과 '커뮤니케이션 맥락'이 존재한다.

쟌슨빌의 경우 각각 다음과 같은 내용을 예로 들 수 있겠다.

- 상품 및 서비스 맥락의 UGC → '쟌슨빌을 사 봤다'
- 커뮤니케이션 맥락의 UGC → '쟌슨빌의 인스타그램을 보고 있으면 배가 고파진다……'

이 프로젝트에서는 제품을 축으로 한 맥락뿐만 아니라 커뮤니케이션 맥락에서의 화제를 모아야 한다고 판단했다. 그래서 맥락의 폭을 넓히기 위해 인플루언서에게 의뢰하여 제작한 동영상을 캠페인에 활용하기로 했다.

기존에 올렸던 게시물 등을 참고하여 신상품과 관련성이 높은 인플루언서를 기용할 목적으로 리로시 씨를 발탁했다.

그는 호쾌한 요리 동영상으로 인기를 끈 인플루언서로, 이전에 쟌슨빌 제품을 이용한 동영상으로 화제가 되었다.

리로시 씨가 PR 동영상을 올리면 그의 팬들을 중심으로 일시적인 인지는 얻을 수 있을 것으로 예상하였지만, 한층 더 사용자의 구매 행동을 자극하고 싶었다. 이때 리로시 씨가 올린 UGC를 불쏘시개로 삼아 그 후에 쟌슨빌사의 엑스 계정에서 리로시 씨의 동영상을 재현한 동영상을 올렸다.

필자들이 실시한 데이터 분석에 따르면, 리로시 씨의 동영상을 확산한 사용자는 '게임 애호가층'으로 판명되었다. 재현 동영상에는 '게임 애호가층'에게 친숙한 탤런트를 캐스팅했다. '리로시의 동영상에 이 탤런트가 나오다니!' 리로시 씨의 팬들을 놀라게 함과 동시에 그 탤런트를 계기로 상품을 아는 층에 접근을 도모했다.

2020년 8월 20일에 리로시 씨가 공지를 올리자 다음날에는 역대 가장 많은 화제의 양을 기록했다. 8월 21~25일에 쟌슨빌사의 계정에서 재현 동영상을 3개의 광고로 만들어 내보내 화제를 모으는 데 일조했다. 그 결과, 이미지가 첨부된 수많은 UGC가 올라왔다.

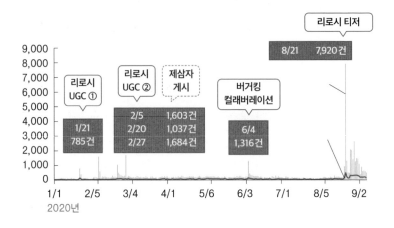

그중에는 요리하는 모습 등 동영상을 따라 한 형식의 UGC를 비롯하여 리로시 씨와 탤런트를 계기로 만든 UGC도 있었다. 당시 의도했던 대로 인플루언서 마케팅을 통해 처음으로 쟌슨빌을 접하고 소시지를 사 먹어 본 사용자가 만든 UGC도 많았다.

당시 쟌슨빌사의 마케팅 담당자는 다음과 같이 회상했다.

리로시 씨와 마케팅을 진행하면서 가장 크게 배운 점은 인플루언서와 브랜드의 시너지였습니다. 인플루언서 분들에게는 "자신의 브랜드는 이렇다"라는 세계관이 있습니다. 그 점을 존중하여 효과를 극대화하기 위해서 리로시 씨가 평소 올리는 포맷을(와일드한 분위기에서 핫 샌드위치 메이커로 조리하는) 그대로 답습한 동영상으로 만들었습니다. 그의 매력을 한껏 발휘했기에 쟌슨빌을 더 좋은 형태로 보여 줄 수 있었던 것 같습니다. 게다가 탤런트 덕분에 의도했던 대로 접점도 크게 넓힐 수 있었습니다. 이 제품 덕분에 지금까지 쟌슨빌 제품을 구매한 적이 없었던 층에도 도달할 수 있었습니다.

자사에 적합한 '진짜 인플루언서'를 판별한다

인플루언서를 캐스팅하는 플랫폼이 늘고 있는데, "어필리에이터SNS 플랫폼 안에서 광고주들로부터 의뢰받은 상품 및 서비스 관련 컨텐츠를 제작하는 사람 오염"에도 주의해야 한다. 예를 들어 캐스팅 플랫폼 등록 기준이 '팔로워 만 명 이상'이라고 해도 팔로워의 질이나 팔로워를 늘리는 수단이 기준에 포함되지 않는다면, 만 명이라는 조건은 쉽게 달성할 수 있다.

어필리에이터가 제휴사의 상품을 소개할 때마다 '팔로워 수(만 명) × 1원'의 수입을 얻는다면 대략 만 원을 벌 수 있다는 셈이다. 이를 노린 실적이 없는 어필리에이터들이 캐스팅 플랫폼상에 섞여 있을지도 모른다. '이 사람은 정말 자사 상품에 좋은 영향을 줄 수 있는 인물인가?' 이를 판단하기 위해서는 '진짜'를 구별하기 위한 세심한 커뮤니케이션과 분석 툴 등을 사용하여 팔로워의 질을 엄격하게 해석해야 한다.

사원 인플루언서의 활용

온드 미디어는 '자신의own'라는 이름에서 알 수 있듯이 "회사가 소유하고 관리하는 미디어"를 말한다. 자사의 웹사이트, 자사의 블로그 등이 일반적인 예인데, 최근에는 사장이나 사원이 스스로 SNS에 정보를 올리며 인플루언서가 되어 온드 미디어와 같은 역할을 하기도 한다.

최근 의류 업계, 화장품 제조사에서는 사원이 인플루언서로서 실제로 출연하여 텍스트나 사진, 동영상 콘텐츠를 올리는 일이 많아졌다.

이는 말하자면 '차세대 접객'이라고 할 수 있겠다. SNS 덕분에 온라인상에서 접객하는 점원이 자신의 캐릭터에 관한 인상을 줄 수도 있고, 직접 EC로 유도할 수도 있게 되었다.

사원 인플루언서는 의류나 미용 업계처럼 사원 개인을 지명하는 비즈니스와 좋은 조합을 이룰 것이다. 한편, 사원의 인플루언서화를 추진해도 SNS상에 고객이 없으면 효과를 기대할 수 없다. 중요한 것은 정보를 전달하고 싶은 상대가 어디에 있는가이다.

차세대 홍보와 영업 사례로 영상통화를 활용하는 새로운 형태를 들 수 있다. 메신저 앱카카오톡이나 라인 등을 활용하여 고객의 옷장을 보고, '알겠어요. 이런 옷을 좋아하시는군요. 그럼 이 아이템은 어떠신가요?', '이런 옷도 워드로브wardrobe 개인 컬렉션에 추가

하면 어떨까요?' 이와 같은 예도 많아졌다.

사원 인플루언서만이 가진 특성도 있다. 예를 들어 아름답고 신비로운 비주얼을 중심으로 콘텐츠를 올리는 패션 브랜드 공식 계정에서 '목도리 매는 법'과 같은 How to 콘텐츠를 올리면 브랜드로서 지키고 싶은 세계관과는 거리가 먼 촌스러운 인상을 줄 수도 있다.

도표 4-20 사원 인플루언서가 SNS를 활용하는 목적

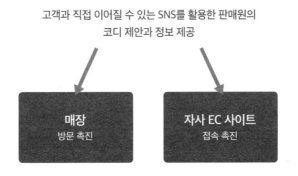

이때 사원 인플루언서인 담당자의 계정에서 How to 콘텐츠를 올리면 촌스러운 인상을 주는 문제를 해결할 수 있다. 이를 본 사람은 실제로 따라 해보고 싶어지고 콘텐츠에서 사용된 목도리나 브랜드에도 좋은 인상을 받는다. 공식 계정과는 다른 세계관의 콘텐츠를 올릴 수 있다는 점이 사원 계정 및 사원 인플루언서의 강점이라고 할 수 있겠다.

'사원에게 팬이 생기면' 매장에 긍정적으로 작용하는 경우가 많을 것이다. '이 사람처럼 되고 싶으니까, 이 사람이 입고 있는 옷을 갖고 싶다'는 구매욕을 자극하는 것은 물론이고, 매장과의 "접점"을 늘릴 수 있는 이점도 있다.

SNS에서 매장과 담당자, 두 계정 정도를 팔로우하면 플랫폼의 AI가 그 가게에서 추천하는 최신 점퍼 등 관련 제품을 추천하기도 한다. 예를 들어, 인스타그램이라면 돋보기 아이콘의 '검색'만 누르면 자신이 좋아하는 게시물이 표시될 것이다.

도표 4-21 역할 정리

	콘텐츠의 특성	UGC 생성 용이성	콘텐츠의 폭
브랜드형	브랜드의 세계관	O	세계관, 단일 아이템
EC 몰형	여러 브랜드 소개	×	How to, 카테고리별 소개
담당자 스냅형	브랜드의 담당자 코디, 실제 옷맵시	△	코디, 담당자의 독자적인 센스
담당자 계정형	라이프 스타일	O	담당자의 독자적인 센스, 인품

최근에는 대중화된 기계 학습에 의한 파급 효과의 열쇠를 쥐고 있는 것이 바로 지금 소개한 '사원 인플루언서'다.

미용 업계에서도 사원 인플루언서를 활용하기 좋다. 인스타그램 계정 운용에 주력함으로써 팔로워 수가 열 배, 매출이 144% 늘어난 인기 미용사 무샤 히나노 씨의 사례를 소개하겠다.

사례 : 인스타그램을 계기로
매출 증가를 실현한 미용사

사원 인플루언서라고 하면 새로운 수단처럼 느껴질 수도 있지만, 미용 업계에서는 기본적인 수단으로 자리매김하고 있다. 수많은 미용사가 인스타그램에서 콘텐츠를 올리고 있어 격전 상태라고 해도 과언이 아니다. 그중에서도 인스타그램의 팔로워 수 1.2만 명2023년 1월 기준을 자랑하는 무샤 히나노 씨는 '한국을 좋아하는 여성의 지지율 No.1'이라는 평판으로 유명한 미용사로, 많을 때는 신규 예약이 한 달에 60건 들어온다고 한다.

무샤 씨는 팔로워 수의 증가와 함께 개인 매출도 늘었다. 2020년 12월의 매출은 약 700만 원으로, 신규 고객 수는 약 20명이었다. 인스타그램 경유 고객은 반도 되지 않았고, 예약 사이트를 통해 들어온 문의가 대부분이었다. 그러나 2021년 여름에는 신규 고객 수가 약 60명까지 늘어났고, 그 후에도 매월 약 40명의 신규 고객이 방문했다. 매출도 2021년 12월에는 약 1,700만원으로 늘었다.

무샤 씨는 SNS 활용에 관한 강습회에서 배운 내용이 인상적이었다고 하며, 그에 관해 이렇게 이야기했다.

인스타그램에서 브랜딩하는 방법을 배운 것이 성장으로 이어진 가장 큰 요인인 듯해요. 강습회에 참가하기 이전에는 매일 다양한 콘텐츠를 올려 봤지만 좀처럼 팔로워 수가 늘지 않았어요. 왜 늘어나지 않을까, 뭐가 문제일까 고민하다가 강습회를 통해서 "콘텐츠 내용을 하나의 카테고리로 좁히기"를 배웠죠. 충실히 실행했더니 단숨에 팔로워 수가 늘어났어요.

무샤 씨의 성장을 뒷받침한 것은 헤어케어 용품 제조사인 밀본이다. 밀본 경영 전략부의 이케다 다쓰마사 씨는 그 경위에 대해 이렇게 이야기했다.

자사 SNS 계정에서 확산이나 리포스트 등을 통하여 미용사의 SNS 계정 운용을 지원함으로써 엔드 사용자와의 접점을 늘려 밀본 브랜드의 인지 확대를 노리려는 목적이 있었습니다. 더불어 미용사 계정의 팔로워를 늘리는 데 도움이 되고자 2020년 가을부터 SNS에 특화된 강습회를 열기 시작했습니다. 강습회를 여는 이외에도 콘텐츠에 피드백하는 등 약 140명의 미용사와 함께해 왔습니다.
미용사 대부분은 자신이 올리는 콘텐츠에 싫증이 나서 다양한 장르의 콘텐츠를 올리면서 브랜딩의 축이 흔들리는 일이 많습니다. 그러면 좀처럼 고객 모집이 이루어지지 않습니다. 그래서 무샤 씨가 원래부터 잘하던 하이톤 롱과 한국 헤어스타일을 합친 콘텐츠를 올리도록 제안했습니다. 무샤 씨의 콘렌츠는 두세 번 만에 훨씬 좋아졌습니다. 그녀 자신도 요령을 터득한 듯해서 그저 계속하도록 독려하고, 당사에서는 계속 콘텐츠를 올릴 수 있도록 팔로우했습니다.

이러한 콘텐츠를 계속 올리면서 날로 팔로워 수가 늘었고, 무샤 씨는 '한국식 헤어스타일로 만들어 주는 미용사'로 인지되었다.

팔로워 수와 매출 증가에 대해 무샤 씨는 이렇게 말한다.

고객분들이 많이 와주시게 되면서 강하게 와 닿은 것은 "미디어가 하나밖에 없으면 노출되는 빈도가 낮다"는 점이었어요. 인스타그램을 열심히 한 덕분에 예약 페이지나 블로그에 연출한 헤어스타일 사진을 많이 자주 올리던 때보다도 신규 고객이 많이 늘었어요. 고객 모집 사이트만, 혹은 인스타그램만 열심히 할 것이 아니라 양쪽을 조합함으로써 좋은 결과를 얻을 수 있었던 것 같아요.

SNS에서 "멋지다"라고 생각한 미용사를 발견하고, 실제로 어떻게 스타일링을 하는지 알아볼 수 있는 것은 고객 모집 사이트에서 담당하고 있죠. 그리고 SNS에서 "자신이 잘하는 장르를 보여주는 것"도 굉장히 중요한 것 같아요.

저는 팔로워들에게 '한국식 헤어스타일을 만들어 주는 사람'으로 인지되고 있어요. SNS에서 '이 사람은 어떤 미용사인지' 알 수 있는 콘텐츠를 올리면 조회 수가 늘어나서 고객분이 지명해 주실 확률이 높아지지 않을까 해요.

사원 인플루언서가 증가하는 가운데 보다 눈에 띄기 위해서는 브랜딩 설계가 중요함을 알 수 있는 사례였다. 실행력 또한 정말 중요하다. 앞서 이야기한 이케다 씨는 이렇게 말했다.

일정 수의 팔로워를 확보하기 전까지는 '○○의 헤어스타일로 만들어주는 미용사'로 인지될 수 있도록 콘텐츠의 방향성을 정하고 지속적으로 올려야 합니다.
꾸준히 올리지 않으면 SNS상에서 존재감이 점점 없어집니다. SNS를 활용하여 매출을 늘릴 수 있는 것은 역시 '성실하게 운용하는 사람', '콘텐츠를 올리는 사람'입니다. 브랜딩 설계와 실행력 모두 의식해야 합니다.

노력이 보답받는 평가로 설계했는가

SNS에서 인기가 많아져 '스타 점원'이 되더라도 매장 매출 부분만 평가된다면, 열심히 콘텐츠를 올리고 싶은 마음이 들지 않을 것이다. 이런 사람들은 매장뿐만 아니라 EC 사이트의 매출에도 기여하고 있을 터이므로, SNS에 올린 게시물 수, 소개한 상품의 판매량 등도 평가 대상에 포함하여 인센티브를 마련해야 한다. SNS는 나날이 변화하고 있으므로 그에 맞추어 인사 평가 방법도 재검토할 필요가 있다.

사원 인플루언서에게는 '독립 리스크'가 있다

사원 인플루언서 활용에는 리스크도 있다. 바로 '독립'이다.

팔로워가 늘고 자신의 역량으로 고객을 모을 수 있다는 사실을 깨달으면 개인이 비즈니스를 하는 길이 보일 것이다. 이런 경우에는 예를 들어 회사 측에서 '독립을 지원하고 자본금도 대고 싶다. 그러니 주식의 20%를 갖게 해 달라.'는 식으로 자본 관계를 제안하여 이익을 나누는 길도 있다.

맥킨지의 알럼나이Alumni 졸업생나 리크루트의 OB 및 OG 네트워크에서는 서로의 회사에 협찬을 의뢰하거나 리퍼럴소개 및 추천 채용으로 인재를 보내 달라고 하는 등 서로 이익을 나누어 가지는 관계성이 구축되어 있다.

판매원보다 높은 급여를 주며 그가 프로듀싱한 D2Cdirect to consumer 브랜드를 만들거나, 자회사의 임원으로 발탁하는 구조도 있다고 한다.

인플루언서의 자발적인 정보 제공

한편, 잊히기 쉬운 것이 언드 미디어다. 인플루언서와의 관계는 기업 협찬뿐만이 아니다. 인플루언서라고 불리는 사람들은 정말 좋아하면 협찬을 받지 않아도 자발적으로 정보를 올리고 홍보한다. 인플루언서가 자발적으로 정보를 올리면 신뢰와 평판을 얻고

earn 쌓아 갈 수 있는 미디어가 되는 것이다.

프리무료 퍼블리시티광고주가 누구인지 모르게 하는 PR 방법는 인플루언서에게 마음대로 편집할 권한이 주어지고 정보를 올릴지 결정할 수 있는 자유가 생기기에 통제하기 어려워지지만, 기업 측에서도 시도해볼 수 있는 방법이 있다. 바로 릴레이션십관계 구축을 도모하는 것이다.

의류 업계를 예로 들면, 기업이 전시회에 인플루언서를 초대하여 누구보다도 빨리 신제품을 구매할 수 있도록 하여 자발적으로 SNS에 UGC를 올리도록 할 수도 있다. 인플루언서가 UGC를 올리면, 그 인플루언서의 팔로워는 '이 새로운 아이템이 발매되면 바로 사야지!' 하고 구매 욕구가 자극되어 매출 증가로 이어질 것이다.

의류 업계의 또 다른 사례로 모 대기업에서 활용한 방법을 소개하겠다. 이 회사는 기본적인 디자인의 옷을 업데이트한 라인을 출시하여 그 제품들을 저명한 패션 관련 유튜버들에게 소개했다.

유튜버들은 '이 패딩의 후드 안쪽은 세탁 후에 빨리 건조되도록 폴리에스터의 비율을 바꾸어 마르기 쉽게 만들고……' 등 제품 개발 시 심혈을 기울인 부분을 세세하게 설명했다. 그 설명을 들은 시청자 중에는 '이 가격대에 이렇게 세심하게 만든 제품도 있구나. 다음에 매장에 가보자.' 그런 마음이 든 사람도 있을 것이다. 동영상을 올린 유튜버로서도 많은 사람의 흥미를 끌기 쉬운 대기업 의류 브랜드라는 키워드로 많은 유입이 예상되므로 기업의 협찬 의뢰를 받지 않아도 솔선하여 무료로 소개한다.

이 기업에서는 평소에 인플루언서들에게 신상품 정보나 제품을 제공하고 있을 것이다.

기업에 따라서는 인플루언서들에게 움직여 주기를 바라는 목적이 드러나지 않기도 한다. '정말 공을 들여 콘텐츠를 만들었는데…… 화제에 오르지도 않고, 이게 의미가 있나?' 싶은 온드 미디어도 있을 것이다. 그것은 인플루언서나 영향력이 있는 스테이크홀더stakeholder 기업의 이해관계자에게 보여주고, 소개해 주었으면 해서 세심하게 만든 것일 수도 있다. 언뜻 보기에는 화제에 오를 것 같지 않은 콘텐츠가 인플루언서를 통해서 화제에 오를 수도 있다. 이것도 1 대 n으로 화제를 모으거나 SEO를 관리하는 데 그치지 않고 N 대 n 정보 전파를 노린 콘텐츠 마케팅이다.

> ▷ **법칙 5의 정리**
> - 팔로워 수만으로 인플루언서를 캐스팅하고 있지는 않은지 돌아보자.
> - 자사에 유용한 인플루언서를 점찍어 목록을 만들어 보자.
> - 사장 SNS 계정을 활용하거나, 사원 인플루언서를 활용할 여지를 모색해 보자.

법칙⑥
플랫폼별 '법률'이 바뀌면
대책도 바꾼다

정보는 '팔로우하다'에서 '추천받는다'로

믹시나 페이스북 등 SNS는 기본적으로 친구 등록을 하여 친구의 근황 정보를 얻는 SNS였다. 동시에 엑스를 비롯하여 궁금한 계정을 팔로우하여 정보를 손에 넣었다. 브라우저의 즐겨찾기 기능과 비슷하다. 자주 보는 홈페이지는 즐겨찾기 해 두자. RSS 리더에 등록해 두고 정보를 얻자는 행동에 가깝다.

그 흐름이 크게 달라지고 있다. 현재는 추천 주체인 SNS 및 디지털 플랫폼이 출현했다. 그 대표 격이 틱톡이다. 틱톡은 짧은 동영상 × 추천이라는 파워가 맞물려 급성장하고 있는 플랫폼이다.

전 세계 앱 다운로드 순위 1위에 오르기도 하고, 클라우드플레어 Cloudflare가 발표한 2021년 트래픽 순위사이트 방문 수에 따르면 구글을 앞질렀다는 조사 결과[9]도 있었다.

추천 주체가 되면, 엑스가 되었든 인스타그램이 되었든 팔로워가 1,000명이 있다고 해서 자신이 올린 게시물이 1,000명 전원에게 전달되는 것은 아니다. 플랫폼에 콘텐츠를 올리는 사용자가 늘고 정보량이 많아지면 정보가 난무하며 정보의 질도 천차만별이 된다. 수익성을 중요시하는 플랫포머플랫폼 운영자로서는 사용자가 계속 이용하도록 될 수 있으면 '좋은 콘텐츠'를 내보내고 싶어한다. 그래서 '좋은 콘텐츠'를 선별하는 추천으로 중심이 옮겨가는 흐름이 매우 커지고 있다.

미디어를 활용한다면 '어떻게 추천 시스템 AI와 잘 어울릴 것인가'라는 과제를 피해갈 수 없다. 팔로우 & 팔로워 관계가 종식을 맞이할지도 모른다. 엑스에 팔로우 탭이 남아 있는 것을 보면 팔로우 & 팔로워 관계가 완전히 사라지지는 않고, 추천 비중이 높아질 것으로 예상된다.

유튜브나 틱톡 등에서 추천과 관련된 흥미로운 예로 '클립 영

---

9 In 2021, the Internet went for TikTok, space and beyond (The Cloudflare Blog 공개일 : 2021년 12월 21일)
https://blog.cloudflare.com/popular-domains-year-in-review-2021/

상'을 들 수 있다. 직접 클립 영상 채널을 운영하고 있는 것이 아니라 원래의 라이브 방송을 잘 편집한 동영상을 업로더가 자유롭게 올리고 있는 것이다.

사용자가 클립 영상을 시청함으로써, 유튜브의 AI가 '이 사람은 ○○○의 씨의 클립 영상을 좋아하는구나'라고 학습하여 여러 가지 클립 영상이 추천에 뜨게 된다. 그렇게 점점 공식 채널 이외에도 클립 영상을 통하여 사용자와 접점을 가지게 된다. 추천 주체의 알고리즘을 이용한 방법으로 클립 영상을 들 수 있겠다.

그동안 디지털 마케팅은 구글의 검색 결과에 대한 SEO 대책이나 검색 연동형 광고 등 검색 기술을 중심으로 진행하였다. 향후의 디지털 마케팅에서는 검색에 더하여 '추천추천 기술을 능숙하게 이용'할 줄 알아야 할 것이다. 이런 관점에서 생각하지 않으면 '열심히 콘텐츠를 올리고 있다.', '본인은 좋은 콘텐츠라고 생각한다.', '그런데도 추천에 전혀 뜨지 않는다.' 이런 일이 일어날 수 있다.

추천을 이해하지 못하면 일어날 수 있는
실패 사례 1

예를 들어 이직에 관한 유튜브 채널을 개설했다고 하자. 조회 수를 더 늘리기 위해 주제의 폭을 조금 넓혀 요리 동영상을 올렸더니 큰 호응을 얻었다고 하자. 그 결과 이직에 흥미와 관심이 있는 사람들 이외의 사람들이 모였다.

그러면 다음 동영상부터는 클릭률이 크게 떨어져 계정이 균형을 잃고 만다.

이는 유튜브의 쇼츠에서도 마찬가지다. 유행한다는 이유로 쇼츠에 주력한 결과, 긴 동영상의 조회 수가 현저하게 떨어지는 현상이 일어나고 있다. 콘텐츠의 포맷이 달라서 어느 한쪽의 조회 수가 늘어도 다른 한쪽은 조회 수가 떨어져 버린다.

추천을 이해하지 못하면 일어날 수 있는
실패 사례 2

평소에 별로 관계가 없는 사람과 업무 연락을 하기 위해 SNS 상에서 DM을 주고받았다. 그 대화를 본 AI가 '가까운 관계다'라고 판단하여 개인적인 콘텐츠가 피드에 표시되는 알고리즘에 의한 오해가 생기는 현상도 관찰되고 있다.

개인용과 비즈니스용으로 계정을 나누지 않고 계속 사용하면 플랫폼의 AI에게 바람직한 학습 데이터를 줄 수 없게 되는 경우가 있다.

예를 들어, 넷플릭스나 스포티파이 계정을 가족끼리 공유한 결과 추천 경험이 나빠지기도 한다. 이러한 경험을 한 사람이 상당수 있지 않을까. 필자 역시 조카가 집에 놀러 왔을 때 필자의 유튜브 계정으로 아동용 동영상을 계속 시청한 결과 조카가 돌아가고 나서도 필자의 계정에서 호빵맨 관련 동영상들이 추천되는 일이 많아졌다. 이런 일이 흔하게 일어나고 있지 않을까?

추천을 이해하지 못하면 일어날 수 있는
실패 사례 3

알고리즘에 의한 피드백 루프를 잘 파악해야 한다. 피드백 루프에는 긍정적인 것도 부정적인 것도 있다. 여기서는 부정적인 것을 논하고자 한다. 간단하게 말하면 '반응이 작은 콘텐츠는 점점 조회 수가 줄어든다'는 것이다.

대표적인 예는 엑스에서 URL이 첨부된 기사만 소개하는 계정을 들 수 있겠다. 사용자가 플랫폼 밖으로 나가 버리는 URL 첨부 게시는 추천에서 제외되는 경향이 있다. 사용자가 이탈함으로써 플랫폼에 머무는 시간이 줄어 광고에 노출될 기회가 줄어든다…… 그러한 게시는 플랫폼에 이득이 되지 않기 때문이다.

그 결과, 그러한 게시자는 하나의 게시당 임프레션 수가 줄어든다. 당연히 '마음에 들어요'도 많이 받을 수 없고 팔로워가 만명이 있다고 한들 500명 정도에게만 정보가 전달되는 일이 일어날 수 있다.

게시물이 있어도 다른 사람의 반응이 적으면 이 사용자의 게시물에 가치가 없다. 다른 사람의 타임라인에 올리지 말자…… 게시 단위의 페널티가 이윽고 계정 단위의 페널티로 확대될 위험이 있다. 이것이 바로 '부정적인 피드백 루프'다.

인스타그램 등 추천 주체인 SNS에서는 어떻게 '추천'에 실리는지 학습 데이터를 얻을 수 있는가가 관건이다. 어떻게 '마음에 들어요!'를 받을지, 어떻게 코멘트를 받을지, 어떻게 끝까지 볼 수 있는 투고를 만들 것인지…… 그 결과, 이미지를 여러 장 올리거나 동영상을 올리는 방법 등을 고려할 수도 있다.

플랫폼 알고리즘 변동에 대한 대응

애초에 왜 플랫폼은 알고리즘을 변경할까? 그 이유는 수익성을 높이고 싶기 때문이다. 바꾸어 말하면, 새로운 광고 상품을 만들거나, 사용자를 더 모으고 싶다는 말이다. 플랫포머도 콘텐츠가 모이는 상태나 확보한 사용자의 실체, 나아가 경쟁 환경과 수익 상황에 따라 점점 변화한다. 즉, 기업이 알고리즘 변동에 휘둘리는 것은 피할 수 없는 숙명이다.

한편, 세세한 알고리즘에 대응하는 것은 투자한 자원에 비해 충분한 성과를 거두지 못할 수도 있다. 테스트 점수에 비유하자면, 현재 95점을 받은 사람이 97점을 목표로 하는 셈이다.

또, 현 단계에서 30점밖에 받지 못하는 콘텐츠를 올리고 있다면 2, 3점 점수를 올리는 기술을 구사하기보다는 제대로 소비자를 이해하고 사용자가 진심으로 가치가 있다고 느낄 수 있는 콘텐츠를 올리거나, 콘텐츠 제작 실력을 갈고닦는 등 당연히 해야 할 일부터 제대로 하는 편이 좋을 수도 있다.

도표 4-22 알고리즘은 '국가의 법'

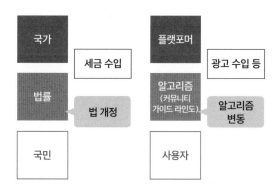

알고리즘을 대할 때는 기본적으로 플랫포머와 어깨동무를 하고, 사용자에게 가치를 전한다는 자세로 임하면 좋을 것이다. 지금까지 필자는 오랫동안 SEO 대책에 힘써 왔는데, 이러한 자세는

대상이 SEO이든 SNS든 동영상 플랫폼이든 크게 다르지 않다고 본다.

플랫폼의 알고리즘 변동에 대응할 때 기업이 의식해야 할 두 가지 포인트를 소개하겠다.

포인트 ① 온드 미디어의 노출량이 점점 줄어든다

대표적인 예가 페이스북의 '엣지랭크'다. 현재 페이스북은 사용자가 다른 사람의 게시물에 '좋아요!' 등 참여를 하지 않거나, 프로필을 더 자세히 들여다보지 않거나, 메시지를 보내지 않으면 표시되는 우선순위를 낮춘다. 그 결과 그 사람과 친구인데도 그 사람의 게시물이 타임라인에 표시되지 않기도 한다.

이런 대화를 나누게 될지도 모른다. "어제 페이스북에 이런 걸 올렸는데 봤어?", "전혀 못 봤는데.", "어, 나랑 친구 등록한 거 끊었어?" 여전히 친구로 등록된 상태인데도 이전에 친구의 게시물에 대해 전혀 참여하지 않아서 엣지랭크에 따라 타임라인에 나오지 않았으리라고 추측할 수 있다.

페이스북뿐만 아니라 모든 SNS에서도 점점 온드 미디어의 노출량을 줄이고 있다. 플랫폼 광고의 범위를 늘리기 위한 목적으로 온드 미디어의 노출량을 줄이고 있는 듯하다. 이해를 돕기 위해서

'트리플 미디어 파라미터'라는 개념을 소개하겠다.

우선 알고리즘 변동은 '법 개정'과도 같은 것으로 생각하자.

그리고 지금의 알고리즘 하에서는 공식 계정을 운용온드 미디어하여 얻을 수 있는 성과를 이 정도도표 4-23 위라고 가정하자.

알고리즘 변동에 의해 공식 계정 운용에 올린 정보온드 미디어가 줄어들게 된다도표 4-23 가운데. 플랫폼에서 의도적으로 플랫폼의 광고 범위를 늘리기 위해서 '지금까지와 같은 정보량을 전달하고 싶다면 광고를 내서 보충하라.'라는 메시지가 아닐까.

그렇게 알고리즘 변동에 휩쓸려서는 무료로 얻을 수 있는 미디어 효과가 계속 줄어들 것이다. 만회하려고 해도 광고 비용만 높아져 간다.

'온드 미디어의 노출량이 줄어든다'는 데에 대한 대책으로는 최적의 광고 출고량을 위한 추가 투자 이외에도 공식 계정에서 올린 콘텐츠에 대한 참여도를 높이고 UGC 수를 늘려야 한다도표 4-23 아래. 사용자로부터 많은 평가를 얻을 수 있는 콘텐츠는 사용자가 지속적으로 플랫폼을 이용하도록 계속해서 플랫폼상에서 노출되기 때문이다. UGC에서 비롯된 언드 미디어를 활용하는 데에도 다시 한번 눈을 돌려 개선할 여지를 찾아내는 것도 좋은 방법이다.

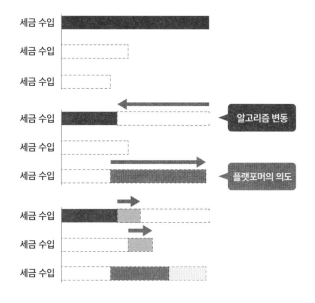

참여도를 높이는 기술

엑스에서라면 'URL을 첨부하지 말자.', 인스타그램이라면 '가치 있는 콘텐츠로써 평가 가중치가 높은 듯한 "저장 횟수"를 늘리자.', '이미지를 한 장만 올릴 것이 아니라 여섯 장 정도 첨부하여 하나의 게시물에 많은 정보량을 담자.', '콘텐츠의 품질 평가가 높아졌으니 매일 올리는 방침을 그만두고, 일주일에 두 번 "전력을 다해 만든 콘텐츠"를 올리자.' 이와 같은 조정을 해보자.

동영상이라면 '처음 1초 동안에 넘겨 버리지 않았는가. 끝까지 시청하지 않는가.', 혹은 '몇 번이고 반복해서 보는가.', '게시물에 댓글이 활발하게 달리는가' 등이 플랫폼의 알고리즘이 좋은 콘텐츠인지를 가리는 포인트다. 평소에 의식하면서 올려 보면 좋겠다. 일반적인 콘텐츠만 올려서는 좀처럼 경쟁에서 이길 수 없는 법이다. 어려운 경쟁에서 이기기 위해서 품질 향상을 추구하자.

동영상의 참여도를 높이려면 '시청 완료'와 '댓글' 등도 중요하다. 이를 응용하여 예를 들면 15초짜리 동영상이라면 서두에 '충격의 결말!', '자세한 내용은 댓글란에서 확인하세요.' 등 시청 완료나 댓글을 올리도록 유도하는 모습을 자주 볼 수 있다.

혹은 사장 계정이나, 의류나 화장품 업계라면 매장 판매원의 계정과 같은 공식 계정 이외의 계정 운용도 중요하다. AI의 머신 러닝 관점에서 보면 긍정적으로 작용하고 있을 터이다. 공식 계정이든 스냅 계정이든 사용자가 비슷한 게시물을 보면 AI는 '이 사람이 좋아하는 것은 이런 장르구나.', '이 브랜드에 흥미와 관심이 있구나.' 그렇게 학습하기 때문이다. 결과적으로 다른 게시물도 추천되기 쉬워질 수 여러 접점을 만들어 학습 데이터를 늘리는 방법도 있다.

포인트 ② 보너스 타임에 편승한다

'보너스 타임'이란 알고리즘에 의한 우대를 받을 수 있는 기간을 말한다.

인스타그램에서는 틱톡에 대항하여 릴스라는 기능을 만들었다. 한때 페이스북에서는 동영상을 올리면 보너스 타임처럼 노출 시간이 늘어난 적도 있고, 페이스북 인스턴트 아티클현재는 폐지이라는 기능이 우선으로 표시되기도 했다.

구글 검색 SEO에는 지식 패널이라는 존재가 있다. 지식 패널이란 사람, 장소, 조직, 사물 등 구글 검색 결과에 표시되는 정보 상자를 말하며, 다른 페이지로 넘어가지 않고도 검색 결과 화면 내에서 일정한 사실 정보를 얻을 수 있다. 지식 패널로 정보를 활용하면 눈에 띄는 위치에 게재되기 때문에 이를 통한 웹사이트 유입을 기대할 수 있다. 지식 패널을 내놓음으로써 전 세계의 웹마스터로부터 사실 정보를 수집하려는 것이다.

플랫폼에 따라서는 우대받기 쉬운 게시물도 있다. 새로운 기능이 나오면 보너스 타임을 활용할 기회라고 생각하자. 게시해주는 사용자를 우대해 주니 편승하는 것이 상책이다.

법칙⑦
조직의 스킬 향상이
마케팅을 성공시킨다

'SNS 마케팅 스킬 맵'에서 전략과 실행을 잇는다

지금까지 전략과 수단에 대해 이야기했는데, 여기서부터는 '어떻게 조직을 만들 것인가'에 대해 이야기하고자 한다.

우선 지금은 소셜 미디어를 광범위하고 복합적으로 볼 수 있는 인재가 부족한 듯하다. 전문성이 있다는 것 자체가 나쁜 것은 아니지만, 예를 들면 '인스타그램 알고리즘의 변화가⋯⋯' 이처럼 너무 전문성이 짙은 경우에는 전체를 보지 못하고 국소적인 해결책밖에 내놓을 수 없다.

SNS 마케팅을 진행하려면 어떤 전문 지식을 배우면 좋을까?

다음에 제시하는 'SNS 마케팅 스킬 맵'도표 4-24이 도움이 될 것이다. '베이스 스킬', '커뮤니케이션', 'SNS의 트리플 미디어별 활용' 순서로 설명하겠다.

베이스 스킬

[소셜 리스닝]

SNS를 통한 소비자 이해를 말한다. SNS 게시물에서는 소비자에 관한 다양한 정보를 알 수 있다. SNS 특유의 클러스터 이해도 여기에 포함된다. 클러스터란 '집단', '무리'라는 뜻으로, SNS에서는 같은 흥미와 관심을 가진 사람들끼리 교류가 가능하다. 아이돌 클러스터, 축구 클러스터, 애니메이션 클러스터 등이 있다. '언급 유도 메서드'에서 이야기한 확산 네트워크이다.

[악플 쇄도 대책 가이드 라인 정비]

처음부터 악플이 쇄도하지 않도록 수비를 강화하거나, 만일 악플이 쇄도하는 사태가 벌어졌을 때 어떻게 대처할지 대처 절차를 명확히 해 두는 것이다. 정치나 종교에 관한 게시물은 올리지 않는다, 타인을 비방하거나 불쾌하게 만드는 게시물을 올리지 않는 등 가이드 라인을 정비하자. 그 밖에도 날마다 에고 서치를 하여 악플 쇄도의 불씨가 없는지 찾는 것도 효과적이다. 법률에 저촉하는 게시물을 올리지 않도록 사전에 리뷰의 구조도 고려하여 정돈

해 두자.

도표 4-24 SNS 마케팅 스킬 맵

[플랫폼의 매체 특성과 알고리즘 이해]

어떻게 하면 임프레션이 늘어나는지, 지금은 어떤 기능이나 구조로 이루어져 있는지를 이해하는 것이다. SNS는 알고리즘 변동이 심해서 잘 따라잡아야 한다. 덧붙여 알고리즘을 이해해도 임프레션을 늘리는 데에만 최적화한 메시지로는 부족하다. 구매 의욕을 자극하지 못하면 의미가 없다. 상세한 내용은 앞서 소개한 법칙 6을 참고 바란다.

[유행 및 트렌드 이해]

세상의 유행, 엑스나 인스타그램 특유의 분위기 이해 등을 말한다.

[검증 및 측정 기술]

PDCAPlan-Do-Check-Act에서 C에 해당하는 능력이다. 엑스 애널리틱스나 인스타그램 인사이트, 쿠키 데이터 등을 보면서 가설을 검증한다. SNS 내외의 데이터와 데이터로 나타나지 않는 품질도 확인해 두자.

[SNS 전략 이해]

마케팅 전체에서의 각 SNS의 역할 설계와 주력 SNS 선정, 미디어 플래닝, KPI 설정 등을 말한다.

커뮤니케이션

[콘텐츠 제작]

SNS를 활용할 때 반드시 콘텐츠가 필요하다. 최근에는 동영상 SNS의 존재감이 높아지고 있어 텍스트나 사진만으로는 충분하지 못하다. 자체 제작할 수 없는 경우에는 제작사와 잘 협업할 수 있도록 방침 지시 능력, 심미안이 필요하다.

[릴레이션십]

SNS에 콘텐츠를 올리는 것뿐만 아니라 양방향 커뮤니케이션과 관계 구축도 중요하다. 네트워킹은 네트워크를 넓히는 것이다. 참여도는 네트워크상에서 만난 사람들과 더 깊이 있게 이어지는 것을 가리킨다.

SNS의 트리플 미디어별 활용

[온드 미디어]

SNS의 온드 미디어 활용, 이른바 공식 계정 운용을 말한다.

[언드 미디어]

UGC나 PR 관점에서 본 방안을 말한다.

SNS 광고를 말한다. 일반적인 매체 운용으로 인스타그램 광고나 페이스북 광고, 엑스 광고, 인플루언서 마케팅 등을 들 수 있다.

스킬 맵을 단서로 삼는다

필자는 SNS 마케팅의 스킬 맵을 되돌아보면서 다음에 둘 한수를 생각하기도 한다. 바라보고 있으면 '알고리즘 대책에 개량의 여지가 있군,', '인플루언서 마케팅은 더 깊이 파고들어 생각하지 않았었구나,' 등 다양한 아이디어가 떠오른다. 동시에 팀이 어느 단계에서 과제를 해결해야 하는지, 어느 부분을 잘하고 못하는지 찾아내기 쉬워진다.

도표 4-25 SNS의 트리플 미디어별 활용

분류	역할
온드 미디어	• SNS 계정의 콘셉트 설계 • 게시 위클리 캘린더 작성 • 목적별 주간 데이터 분석 • 인스타그램 해시태그 검색에 대응하는 콘텐츠 기획, 제작
언드 미디어	• 소셜 리스닝을 통한 UGC가 만들어지는 맥락 연구 • 상품/서비스에 대한 UGC의 창출 자극 • 엑스 컨버세이셔널 버튼의 기획, 설계 • 사용자 참여형 해시태그 캠페인 설계

분류	역할

페이드 미디어	• 각종 SNS 광고 매체의 특성 이해 (노출면, 타깃팅, 게재 메뉴 등)
	• 엑스 광고 캠페인 설계
	  → 목적 설계, 타깃팅, 크리에이티브
	• 인플루언서 활용
	  → 목적에 맞는 캐스팅, 기획 입안

매일 SNS 마케팅을 하면서 하는 일의 80%는 '기획과 실행'이다. 성과를 얻을 수 있는 활동에 시간을 쏟고, 그 행동의 질을 높이는 것은 튜닝에 달려 있다고 할 수 있다. 예를 들어 홀딩스형 기업은 횡적 구조를 가진 조직으로, 각 사업부 및 브랜드에서 SNS 마케팅을 함께 진행하며 보조하는 전담팀이 존재하기도 한다. SNS 운용팀이 사업부에 소속되어 있거나 지원 부서에 배치되어 있을 수도 있다.

횡적 구조 조직에서는 더 높은 전문성도 요구된다. 특히 사업부나 홍보부에 소속되어 있는 경우, 사업 특성이나 상품 및 서비스 특유의 중요한 기술을 확실히 파악한 다음에 마케팅을 진행하게 된다.

더불어 기업 홍보와 마케팅 홍보를 구분하여 기업 계정, 상품 계정을 각각 어떻게 운용해 나갈지에 대해 생각해야 한다. 자사의 조직 구조나 상품 및 서비스의 특징에 따라 어떻게 SNS 전략을 실행할 것인가, 실행하기 위한 조직을 어떻게 만들 것인가, 이러한 관점에서 구조를 조정하자.

최근에는 짧은 동영상이 점점 각 플랫폼의 메인 콘텐츠로 자리 잡고 있다. 짧은 동영상을 이용한 마케팅을 진행할 경우 동영상 제작을 할 수 있는 팀을 만드는 것은 물론이고, 팀원으로 사외를 포함하여 지시를 내릴 수 있는 인재, 악플 쇄도 대책이나 가이드 라인을 정비할 수 있는 인재도 필요하다. 이러한 '자원 조달 설계도'를 그리는 것도 빼놓을 수 없는 공정이다.

'이번 분기의 SNS 전략은 이렇게 하자.', '그럼 ○○의 기술이 필요하겠군.', 혹은 '향후 이 부분을 강화하자', '그럼 이제는 자체 제작하자.' 등 전략에 따라 필요한 기술과 자원이 달라진다. 앞으로 자체 제작하겠다면 인재를 자사에서 육성할 것인가, 다른 부서에서 차출하여 데려올 것인가, 아니면 새로운 인재를 채용할 것인가, 그것도 아니면 외주를 줄 것인가. 처한 상황을 고려하여 최적의 선택지를 골라야 한다.

경영에 대한 제안

SNS가 고객 접점의 최우선 과제로 자리매김하고 있다. 한편, 많은 기업에서 경영 전략 및 마케팅과 SNS가 분단되어 있는 듯하다. 법칙 3에서도 이야기했듯이 단독으로 계정만 운용해서는 좋은 성과를 거두기 어려운 법이다. 트리플 미디어에 따른 SNS 활용, 다른 매체와 일관성을 갖고 연동되는 활용을 해야 한다. 매장의 정보를 적극적으로 확산시켜서 고객 유치에 좋은 영향을 낼 수 있는데, 재고 조정 실수로 품절이 발생하면 마케팅은 성공할 수 없다.

SNS를 하나의 정보 전달 수단으로만 생각하여 SNS 담당 업무만 고립되어 있지는 않은가? 상품 편익에 대한 의견이나 패키지 디자인에 대한 감상은 SNS를 통해서도 알아볼 수 있다. SNS가 기점이 되어 PR을 진행해 볼 수도 있다. SNS에는 많은 부서가 관련된다. SNS 담당 부서만, 마케팅 부서만 연관되는 것이 아니다. 뒤죽박죽 엉켜 있지는 않은지 전체적으로 점검해 보면 어떨까? 전체 최적화를 목표로 하자.

그리고 SNS 활용을 인턴에게 맡기는 경우를 볼 수 있는데, 'SNS 활용을 단독적인 계정 운용으로 끝내 버리지 않았는가.', '전략을 제대로 이해하지 못한 것은 아닐까?'…… 하고 걱정하게 된다. 배치한 인재의 능력에 따라 성과는 크게 좌우된다.

만약 사내에 SNS 활용을 담당할 인재가 없다면 그 길의 '전문가'를 불러 정비하는 방법도 효과적이다. 채용이나 배치 전환이라는 수단도 있다.

SNS에 올린 내용이나 콘텐츠 제작은 누군가가 따라 하기 쉽지만, 조직 구조나 조직 능력은 모방하기 어려운 성질이 있다. 좋은 조직, 좋은 실행력을 쌓으면 기업으로서의 경쟁 우위도 자연스럽게 높아질 것이다.

> **법칙 7의 정리**
>
> • 전략을 실행할 수 있는 조직이 만들어졌는지, 단기적 및 중장기 관점에서 확인하자.
>
> • 마케팅의 전모를 알 수 있는 사람을 SNS 활용에도 참여하게 하자.
>
> • 전략 수립과 마찬가지로 조직 만들기도 최우선 과제다.

이번 장에서는 전략 수립 방법부터 콘텐츠 게재 아이디어를 내는 방법까지 소개했다. 법칙마다 요점 정리를 해 두었으니 정기적으로 되돌아보면서 자사의 상황을 대조하여 향후의 행동에 반영해 보자. 지금까지 설명한 1 대 n에서 N대 n으로의 정보 전파 변화, 사용자 행동이 크게 기여하는 ULSSAS, 구체적인 UGC의 계기가 되는 게시물 등이 하나로 연결되었을 것이다.

다시 한번 이야기하지만, SNS=계정 운용뿐만이 아니다. 트리플 미디어로 구분하고, 자사의 상품 카테고리에서 고객은 SNS와 어떻게 관련되어 있는지를 파악함으로써 보다 효과적이고 여러 방면에서 접근할 수 있게 된다.

이번 장에서 소개한 일곱 가지 법칙을 활용하여 정보 전달력 강화로 이어가기 바란다.
더불어 자신이 화제에 오르는 경험이 아닌 UGC가 화제에 오르는 경험도 해보았으면 좋겠다. 고객이 자사 브랜드에 대해 언급하고, 화제에 오르는 모습을 보면 무척 행복한 감정으로 가득해진다. 인간의 호르몬으로 비유하자면 도파민 같은 흥분이라기보다는 옥시토신처럼 고객에게 도움이 되어 느끼는 기쁜 감정이라고 할 수 있다.